CATALOGUE N° 7

MONNAIES

MÉDAILLES ET JETONS LORRAINS

PROVENANT DE

LA COLLECTION DE M. F., DE S.

PRIX : DEUX FRANCS

EN VENTE AUX PRIX MARQUÉS

Chez J. FLORANGE, Expert

21, QUAI MALAQUAIS, 21

PARIS

1894

MONNAIES

MÉDAILLES ET JETONS LORRAINS

PROVENANT

DE LA COLLECTION DE M. F., DE S.

MACON, PROTAT FRÈRES, IMPRIMEURS

CATALOGUE N° 7

MONNAIES

MÉDAILLES ET JETONS LORRAINS

PROVENANT DE

LA COLLECTION DE M. F., DE S.

PRIX : DEUX FRANCS

EN VENTE AUX PRIX MARQUÉS

Chez J. FLORANGE, Expert

21, QUAI MALAQUAIS, 21

PARIS

1894

MONNAIES, MÉDAILLES & JETONS

LORRAINS

Provenant de la collection de M. F., de S.

MOSELLANE

DUCS BÉNÉFICIAIRES

THIÉRI (984-1024).

Atelier d'Andernach.

1 Denier. + TH(EODERI)CVS DVX. Deux bustes affrontés. ℞. ANDERNAKA, écrit sur les branches d'une croix pointillée; dans les cantons, des ornements en forme de trèfles et de feuilles. (Danneberg, nº 437.)

B. 12 »

Atelier d'Eil?

2 Denier. (+ THEO)DERICVƧ DVX. Tête, à gauche. ℞. EIL CIV(SI)GIBOD écrit sur les branches d'une croix pointillée. (Dannenberg, nº 432. — Pl. III, fig. 11.)

B. 16 »

LORRAINE

MATHIEU I (1139-1176).

3 Denier. F......, entre deux grènetis. Au centre, un étendard; au dessous, une rosace à quatre folioles. ℞. И.....D, entre deux grènetis; au centre, une croix pattée.

B. 5 »

Ce denier appartient, avec toute probabilité, au règne de

Mathieu I. (Laurent, *Notice sur une découverte de monnaies lorraines faite à Diarville 1863*, n° 40, pl. III, n° 32.)

BERTHE DE SOUABE (1176-1195).

Atelier de Nancy.

4 Denier. BERTA. Femme à mi-corps, à gauche, tenant dans la main droite un sceptre fleurdelisé.

℟. NANCEI. Croix pattée cantonnée de deux étoiles. De Saulcy, *Lorraine*, pl. XXXVI, fig. 28 var. *TB.* 10 »

FERRI II (1205-1213).

Atelier de Nancy.

5 Denier. Cavalier, à droite; sous le cheval, une couronne.

℟. + F.DVX LOH. Croix cantonnée, aux 2e et 3e, d'un croissant. (I, 11.) *TB.* 5 »

6 Denier. Ecu à la bande chargée de trois alérions.

℟. NAN CEI, écrit le long des branches transversales d'une croix cantonnée, aux 3e et 4e, d'un lis. (II, 14.) *B.* 2 »

MATHIEU II (1218-1251).

Atelier de Nancy.

7 Denier. Cavalier, à droite; sous le cheval, M.

℟. Aigle éployée, la tête tournée à gauche et accostée de deux points. (II, 8.) *B.* 3 »

8 Denier. Cavalier, à droite; sous le cheval, une fleur de chardon.

℟. Aigle éployée, la tête tournée à gauche. (II, 9.) *B.* 3 50

Atelier de Sierck.

9 Denier. Cavalier, à droite, armé de toutes pièces.

℟. ·CI RK ES·, écrit autour d'un écu chargé d'une aigle éployée. (II, 3.) *TB.* 3 »

10 Variété avec ·CI· ·RK· ·ES· *TB.* 4 »

11 Variété très curieuse, en étain. 1 gr. *B.* 20 »

Atelier de Thionville.

12 Denier. Cavalier, à droite.
℞. ✠·TI·ON·VILLE· Croix pattée. (II, 5.) *B.* 4 »

FERRI III (1251-1303).

Atelier de Chatenoi.

13 Denier. Cavalier, à droite; sous le cheval, une couronne.
℞. CHASTENOI. Epée en pal. (C. Robert, 1234.) *TB.* 65 »

Atelier de Mirecourt.

14 Denier. Cavalier, à dr.
℞. MVRI CORT. Epée en pal. (III, 7.) *B.* 3 »

Atelier de Nancy.

15 Denier. Cavalier, à droite; sous le cheval, FERI.
℞. NAN CEI. Epée en pal, accostée d'une fleur de lis et d'une croisette. (II, 27.) *B.* 1 50

16 Denier. Cavalier, à droite.
℞. Epée en pal, accostée d'un lis et d'une croisette. 2 var. (II, 30 et XXXV, 21.) *B.* à 1 »

17 Variété. Epée en pal, accostée d'une croisette et d'un lis. (XXXV, 18.) *B.* 1 50

18 Denier. Cavalier, à droite.
℞. NAN CEI. Epée en pal, accostée de deux rosaces. (II, 29). *B.* 1 50

19 Denier. Cavalier, à droite, sous le cheval, un croissant.
℞. NAN SEI. Epée en pal. (XXXV, 27). *B.* 1 50

20 Denier. Cavalier, à droite; sous le cheval FERI.
℞. NAN CEI. Bras armé, accosté d'un croissant et d'une étoile. (XXXVI, 8.) *B.* 1 50

21 Denier. Cavalier armé de toutes pièces, galopant à droite; sous le cheval, FERI.
℟. NAN CEI. Bras armé, accosté d'un croissant et d'une étoile. (XXXVI, 9.) *B.* 1 50

22 Même avers.
℟. NANCEI. Epée en pal, accostée d'un croissant et d'une étoile. (XXXV, 22 et 23.) 2 var. *B.* à 1 50

23 Denier. Cavalier, à droite.
℟. ·NA· ·NC· ·EI·. Ecu aux trois alérions. (XXXV, 9.) *B.* 1 »

Atelier de Neufchâteau.

24 Denier. Cavalier, à droite; sous le cheval, une étoile entre deux points.
℟. ✻ NOVOCATRI. Croix pattée. (XXXVI, 13.) *B.* 1 25

25 Variété avec une croisette au commencement de la légende du revers. *B.* 1 50

26 Variété avec +NOVCATRO. (XXXVI, 16.) *B.* 1 50

27 Variété avec ∗NOVOACTRI. (XXXVI, 12 var.) *B.* 2 50

28 Denier. Cavalier, à droite.
℟. +NOVOCATROI. Croix pattée. (XXXVI, 15 var.) *B.* 3 »

29 Denier. Cavalier, à droite; sous le cheval, la lettre A, entre deux points.
℟. NVEFC HATEL. Epée en pal, accostée de deux globules. (XXXVI, 24.) *B.* 2 »

30 Denier. Cavalier, à droite; sous le cheval IA.
℟. NVEF CHA. Bras armé; l'épée est accostée d'un croissant et d'une étoile. (XXXVI, 20.) *B.* 1 25

31 Denier. Cavalier, à gauche, armé de toutes pièces; sous le cheval, ·A·
℟. NVEFC HATEL. Epée en pal, accostée de deux globules. (C. Robert, 1247 var.) *B.* 4 »

Atelier de Sierck.

32 Denier. Cavalier, à droite.
℟. ·CIRKES. Croix pattée. (II, 2.) *B.* 2 »

Indéterminé.

33 Denier. Cavalier, à droite ; sous le cheval, une étoile.
℞. III... Croix pattée. *B.* 2 50

THIBAUT II (1303-1328).

Atelier de Nancy.

34 Double denier. + T·DVX LOTOREGIE. Cavalier, à droite, tenant une lance ornée de son fanon.
℞. MONETAD ENANCEI. Epée en pal, entre deux alérions. (III, 16.) *TB.* 5 »

FERRI IV (1312-28).

Atelier de Nancy.

35 Double denier. + F DV XLOTOR EGIE. Cavalier, à droite, tenant une lance ornée de son fanon.
℞. MONETAD ENANCEI. Epée en pal, entre deux alérions. (III, 19.) *B.* 4 »

36 Denier. F· DVX. Cavalier, à gauche, tenant une lance ornée de son fanon.
℞. NAN CEI. Epée en pal, accostée de deux alérions et coupant la légende. (III, 21.) *TB.* 6 »

37 Double denier. + FD VXLOTOR. Le duc, en pied, tenant l'écu de Lorraine et une épée, la pointe en bas ; à sa gauche, une bande aux trois alérions.
℞. MONETA DNACEI. Epée en pal et bande verticale aux trois alérions. (III, 23.) *TB.* 4 »

38 Denier au type messin. ·D'·FE· ·R'· Personnage debout, vêtu d'une longue robe et coiffé d'un capuchon, tenant un bar de la main droite et un alérion de la gauche.
℞. MON ETA. Au centre, une épée en pal coupant la légende. (Chautard, *Imitations des monn. lorr.*, n° 24.) *B.* 4 »

RAOUL (1329-46).

Atelier de Nancy.

39 Double denier. + ·R·DVX·LOTORENGIE. Ecu de Lorraine dans un contour de trois arcs.

℟. MONETA·D E·NANCEI. Epée en pal entre deux écus de Lorraine, surmontés chacun d'un trèfle. (v, 3 var.) *TB.* 5 »

MARIE DE BLOIS,
régente pendant la minorité de Jean I (1346-1348).

Atelier de Nancy.

40 Grande plaque. ✠ IOHANNES:DVX:MARCHIO:DE: LOTHORIGI. Ecu écartelé de Lorraine et de Blois, accosté de trois couronnes dans un contour de quatre arcs ornés de trèfles.

℟. ✠ MARIE:DVCHESS:MAINBOVRS:DE:LA DVCHI, en légende extérieure, et + MONETA:DE:NACEI, en légende intérieure. Au centre, une croix pattée, cantonnée de quatre couronnes. (v, 13.) *TB.* 40 »

40 *bis*. Autre avec LOTHORIGIA et ✠ ·MARIE:DVCHESE: MANBOVRS:DE:LA DVCH'. (C. Rob. 1314.) *TB.* 45 »

JEAN I (1346-1389).

Atelier de Nancy.

41 Gros? ❀ IOH'ES⁑DVX· ·LOT:MARCH'. Ecu de Lorraine penché, placé sous un heaume couronné et cimé d'un alérion.

℟. MONETA❀FCA:❀IN❀NANCEY❀. Epée en pal, accostée de deux écus de Lorraine. (C. Robert, 1324.) *FDC.* 15 »

42 Gros? ∘IOHANNES∘ ∘DVX∘LOTH'∘ Ecu de Lorraine surmonté d'une aigle essorant.

℟. MONETA∘FCA'∘ IN∘NANCEIO. Epée en pal accosté de deux grandes roses. (vi, 14.) *TB.* 6 »

43 Gros? ✠ IOHES'∗DVX⁑ LOTHOR'∗ET ⁑ MARC'∗. Ecu de Lorraine, entouré de neuf petits arcs.

℟. MONETA, etc. Epée en pal, accostée de deux alérions. (vii, 2.) *Troué. B.* 16 »

44 Tiers de gros? ✠ IOHANNES ⁑ MARCHIO. La bande aux trois alérions dans un contour de quatre arcs.

℞. DVX ⁝ LOTH ORINGIE. Epée en pal, accostée de deux alérions. (VI, 2.) *TB.* 10 »

Atelier de Sierck.

45 Gros? IOHANNES⁝DVX⁝LOTHOR'⁝ET⁝MAR'. Au commencement de la légende, deux épées en sautoir. Au centre, un écu de Lorraine, dans un contour de six arcs.
℞. ✠ BNDICTV'⁝SIT⁝NOME'⁝DNI'⁝IHV'⁝XPI', en légende extérieure, et MONETA⁝SIERK', en légende intérieure. Au commencement de la légende, deux épées en sautoir. Au centre, une croix pattée. (VII, 3.) *B.* 8 »

46 Denier? ✠ IOHES'∘DVX'∘LOTHOR'. Ecu de Lorraine.
℞. MONETA∘ IN∘SIERK. Epée en pal coupant la légende et accostée de deux roses. (VII, 4.) *TB.* 2 »

47 Denier. +IOHAN ES·DVX-. Alérion coupant la légende.
℞. MONETA IN·CIER. Epée en pal, accostée de deux roses. (VI, 17.) *B.* 1 50

48 Variété de coin de la pièce précédente, avec +IOHAN ES DVX+ et MONETA IN·CIER+. *B.* 2 »

CHARLES I (1390-1431).

Atelier de Nancy.

49 Petit gros? KAROLVS*DV X*LOTHOR'. Le duc debout, de face, couronné de roses, tenant une épée de la main droite, et s'appuyant de la gauche sur l'écu de Lorraine.
℞. MONE TA*FC A'*IN*N A͡NCEY. Croix pattée coupant la légende, deux K et deux aigles essorant dans les cantons. (IX, 11.) *TB.* 4 »

50 Petit gros? KAROLVS❀DVX LOTHOR'❀Z❀M. Le duc debout, de face, couronné de roses et l'épée à la main, et portant une bandoulière aux trois alérions.
℞. ✠ BNDICTV'❀SIT❀NOME'❀DNI'❀NRI'❀IHV'❀XPI'❀, en légende extérieure. Au centre, une croix pattée coupant la légende intérieure : MON ETA ❀DE❀N ANCI. (IX, 18.) *B.* 3 »

51 Gros. KAROLVS · DVX LOTHOR'·Z · M. Le duc debout,

de face, couronné de roses, tenant son épée et portant une large bandoulière aux trois alérions.

℞. SIT ⁝ NO ME ⁝ DNI BENED ICTVM. Ecu parti de Jérusalem et de Naples-Anjou, brochant sur une grande croix pattée dont les branches coupent la légende ; dans les cantons de la croix, 1er et 4e, les armes de Lorraine ; aux 2e et 3e les armes de Bar. (x, 3.) *TB.* 4 »

51 *bis*. Gros ? KAROLVS · DVX · LOT HOR'·Z·M'. Le duc à cheval, armé de toutes pièces, galopant à gauche.

℞. ❀ MONE ❀ TA ⁝ FC ❀ A' · IN ⁝ N ANCEY. Croix fleuronnée au cœur en losange, cantonnée de quatre trèfles et portant au centre un alérion. (VIII, 3.) *TB.* 30 »

52 Tiers de gros ? Ecu de Lorraine penché sur une épée en pal.

℞. Croix coupant la légende et cantonnée de deux alérions et de deux bars. (IX, 14.) *B.* 1 50

53 Denier ? Ecu de Lorraine surmonté d'une aigle.

℞. Epée en pal accostée de son étoile. (IX, 3.) *B.* 1 50

Atelier de Saint-Mihiel.

54 Denier. Avers précédent.

℞. Epée en pal, accostée d'un alérion et d'un bar. (IX, 6.) *AB.* 3 »

Atelier de Sierck.

55 Gros ? KAROLVS:DVX:LOTHOR':ET:MAR'. Ecu de Lorraine dans un contour de six arcs.

℞. ✠ BNDICTV':SIT:NOME':DNI':IHV'.XPI', en légende extérieure, et MONETA:SIERK' en légende intérieure. Au centre, une croix pattée. (VIII, 6.) *TB.* 6 »

56 Double denier. ✠ KAROLVS·DVX·LOTHOR', entre deux grènetis. Au centre, un écu de Lorraine.

℞. MONETA· IN·SIERK, entre deux grènetis. Epée en pal accostée de deux roses. (VIII, 7.) *TB.* 2 50

57 Gros. KAROLVS ❀ D VX ❀ LOTHOR'. Ecu de Lorraine penché, surmonté d'un heaume couronné et cimé d'une aigle.

℞. BNDICTV'.SIT:NOM E'.DNI'.NRI'.IHV'.XPI'., en

légende extérieure, et MONETA ⁝ IN ⁝ SIERK, en légende intérieure. Epée en pal, accostée de deux feuilles de houx. (VIII, 8.) *TB.* 6 »

58 Denier? + KAROLVS:DVX:LOTHO'. Ecu de Lorraine penché.

℞. MONETA: IN:SIERK. Epée en pal accostée de deux feuilles de houx. (VIII, 12.) *TB.* 2 50

59 Denier? ❀KAROL VS❀DVX❀. Ecu de Lorraine surmonté d'une aigle éployée.

℞. MONETA:D E:SIERK'. Epée en pal accostée d'un alérion et d'un bar. (IX, 2.) *B.* 2 50

60 Gros? KAROLVS ⁝ DVX ⁝ LOTHOR' ⁝ . Lion accroupi, coiflé d'un heaume couronné et cimé d'une aigle essorant, tient une épée et l'écu de Lorraine.

℞. MONE TA·FC A·IN·S IERK'·. Croix pattée coupant la légende et cantonnée de quatre alérions. (IX, 7.) *TB.* 15 »

IMITATION DE LORRAINE

GUILLAUME I DE SOMBREFFE,
Seigneur de Reckheim (1397-1400).

61 Gros. GVILM:DE:SOB∘RERHE:DS:DE:R. Le seigneur debout, de face, armé d'une épée.

℞. BNDICT':SIT:NOM:DNI:HRI:IHV:XPI, entre deux grènetis, en légende extérieure, et MOE TA:N OVA: D':R':K', en légende intérieure. Au centre, une croix pattée coupant la légende intérieure. (Chautard, *Imitations des monn. lorr.*, n° 3.) *AB.* 20 »

LORRAINE ET BAR

RENÉ I D'ANJOU (1431-1453).

Atelier de Nancy.

62 Gros. RENATI·DVX·B ARREN·Z LOTH·M. Ecu sur une épée en pal.

℞. SIT + NOMEN + DNI + BENEDICTV'+. Un lis au commencement de la légende. Croix de Lorraine. (x, 12.) *B.* 3 »

63 Variété de la pièce précédente, avec un alérion au commencement de la légende du revers. (x, 13.) *AB.* 3 »

64 Gros. ✠ RENATI * DVX * BARREN * Z * LOTH * M *. Armes écartelées d'Anjou et de Bar; sur le tout, l'écu de Lorraine.

℞. MONETA * NOVA * DE * NANCEIO *. Epée en pal entre un bar placé entre deux croisettes et un alérion. Inédit. *TB.* 12 »

65 Demi-gros au même type. (xi, 6.) *B.* 2 »

Atelier de Saint-Mihiel.

66 Gros. RENAT' + D BAR' · M' · P · CO'. Le duc debout, couronné de roses, tenant une épée et un écu à cinq quartiers.

℞. ✠ SIT ❀ NOMEN + DOMINI + BENEDICT', en légende extérieure, et MON ETA SMI CHA, en légende intérieure. Croix pattée, coupant la légende intérieure. (x, 10.) *B.* 2 50

67 Variété avec ✠ SIT·NOMEN † DOMINI † BENEDIC ou BENEDICTVM. 2 p. *B.* à 3 »

68 Gros. + RENATI·DVX·BARREN·Z·LOHO M+. Armes écartelées d'Anjou et de Bar, avec un petit écu aux alérions, brochant sur le tout.

℞. MONETA·NOVA + DE + S·MICHALL. Epée en pal; dans le champ, un bar placé entre deux rosettes et un alérion. (xi, 1.) *Usé.* 1 50

69 Demi-gros au même type. (XI, 2.) *B.* 1 50

RENÉ II (1473-1508).

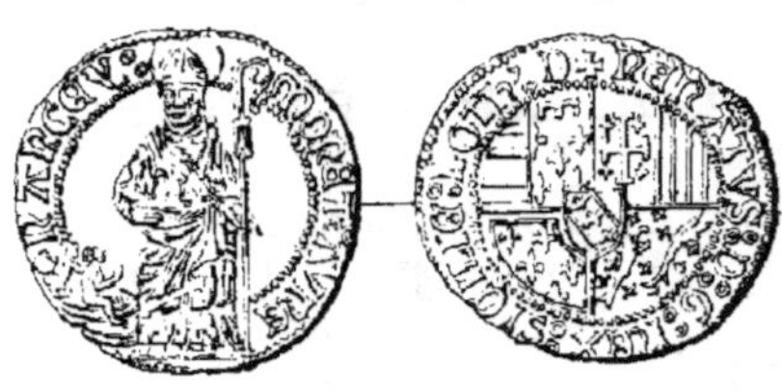

70 Florin d'or. ✠ RENATVS 8 D 8 G 8 REX 8 SICILIE 8 LOTH' ∘

D. Quartiers de Hongrie, Naples, Jérusalem, Aragon, Anjou et Bar ; sur le tout, l'écu de Lorraine.

℞. MONET' ⁝ AVRE NANCEY ⁝. Saint Nicolas debout à côté d'une cuve dans laquelle on voit trois enfants. (Comp. Saulcy, XII, 5.) Variété inédite. *TB.* 120 »

71 Plaque à la devise : « Fecit potentiam in brachio suo. » Ecu plein de Lorraine, surmonté d'une couronne à cinq fleurons.

℞. Bras armé sortant d'une nue. (XIII, 8.) 2 exempl. var. *TB.* à 4 »

72 Demi-plaque au même type. (XIV, 1.) 2 exempl. var. *B.* à 2 »

73 Demi-plaque. ✠ RENATVS ⁝ DEI∘∘ ∘∘GRALOT HORD. Ecu parti de Lorraine et de Bar, timbré d'une couronne à cinq fleurons.

℞. ✠ ADIWA ⁝ NOS ⁝ DEVS ⁝ SALVTAR' ∘ NR. Bras armé sortant d'une nue et accosté d'un globule. (XIII, 7.) *TB.* 10 »

74 Demi-plaque. ✠ RENATVS ⁑ D ⁑ G ⁑ REX ⁑ SICIL ⁑ IHRL ⁑ LOT H ⁑ G. Au centre, un écu plein de Lorraine surmonté d'une couronne à cinq trèfles.

℞. + MONETA ⁑ NOVA ⁑ FACTA ˘ IN ⁑ NENCEIO. Bras armé sortant d'une nue. (XIV, 2.) *B.* 4 »

75 Gros ? *RINATVS ∘ DV ∘ + X. LOTHO' ∘ OA* Le duc debout, tenant une épée et portant une bandoulière aux trois alérions.

℞. ✠ ADIVVA ⁝ NOS ⁝ DEVS ⁝ SALVTA ⁝ NR Croix de Lorraine. (XII, 2.) *B.* 2 »

76 Quart de plaque. RENATVS ⁝ D ⁝ G ⁝ I ⁝ LOX ⁝ D ⁝ . Ecu parti de Lorraine et de Bar, timbré d'une couronne à cinq fleurons.

℞. MONETA ⁝ FACT A ⁝ IN ⁝ NANCEIO. Epée en pal. (XII, 9 var.) *B.* 1 »

77 Variété avec RENA.TVS ⁝ D ⁝ G ⁝ R ⁝ S ⁝ I ⁝ LO' ⁝ D. (XII, 12 var.) *B.* 2 »

78 Variété avec RENATVS8D8G8R8SICĨL8LO' et NANCEI'. (XII, 13 var.) *B.* 1 50

79 Double denier. RENATVS ⁝ REX CICIL.... Ecu à la bande aux trois alérions posé sur une épée en pal.
℟. * MONETA ⁝ FACTA ⁝ IN ⁝ NANCEI. Croix de Lorraine. (XIV, 3.) *B.* 1 »

80 Double denier. ✠ RENATVS⁑D⁑G⁑I.REX.LOTOR. ⁝ ⁑. Ecu de Lorraine sur une épée en pal.
℟. ✠ MONETA ⁑ FACTA ⁑ IN ⁑ NANCEĨO. Croix de Lorraine. (XIV, 5 var.) *B.* 1 50

81 Double denier. RENATVS⁑D⁑G⁑REX⁑SI⁑LOTOR⁑D. Epée en pal sur laquelle est posée une bande aux trois alérions.
℟. ✠ MONETA⁑DE⁑NOVA⁑NACEY⁑D. Croix fleuronnée. (XIV, 9 var.) Variété inédite. *B.* 2 »

82 Denier? RENATVS8D8G8REX8SICI. Ecu de Lorraine sur une épée en pal.
℟.+MONETA8FACTA8NANC. Croix de Lorraine. (Comp. Saulcy XIV, 11.) Variété inédite. *B.* 2 50

ANTOINE (1508-1544).

83 Teston. ✝ AИTHOИ.D.G.LOTHOR.ET.BAR.DVX. Buste du duc, à gauche, cheveux longs, couronne à cinq trèfles.
℟. MOИETA·ИAИCEII.CVSA. Ecu plein de Lorraine, timbré d'une couronne à cinq trèfles. A l'exergue, 1513. (XV, 16.) Date inédite. *Jolie pièce* 25 »

84 Autre avec 1516 avec les N renversés. Exemplaire doré. *B* 6 »

85 Autre avec 1517. *TB.* 7 »

86 Autre avec 1523. *B.* 5 »

87 Autre avec 1526, 1527, 1544. *B.* à 4 »

88 Autre avec 1533 et 1538. *AB.* à 4 »

89 Autre avec 1541. *AB.* 5 »

90 Demi-teston. Avers identique au nº 83.
℟. ✝MOИETA·ИAИCEII·CVSA· 1515: Ecu plein de Lor-Lorraine, timbré d'une couronne à cinq trèfles. *B.* 18 »

91 Demi-teston. Variété de la pièce précédente avec ✝ANᴎTHOᴎ·D·G·LOTHOR·ET·BAR·DVX et MOᴎETA·ᴎAᴎCEII·CVSA·1516. Exemplaire doré et troué provenant de la collection Ch. Robert, nº 1428. *B.* 10 »

92 Quart de teston 1513. *TB.* 4 »

93 Autre avec 1524. *TB.* 3 »

94 Autre avec 1527. *Troué. AB.* 1 50

95 Autre avec 1529, 1531, 1534, 1535, 1544. *B.* à 2 »

96 Plaque. ✠ ANTHON·D·G·CALABR·LOTHOR·B ⁝ D ⁝. Ecu précédent.

℞. ✠ FECIT·POTENCIAM·IN·BRACHIO ⁝ SVO. Bras armé sortant d'une nue. (XIV, 12.) *TB.* 3 50

97 Autre avec LOTHOR ⁝ ET ⁝ B.D et deux croisettes entre les mots de la légende. *TB.* 4 »

98 Demi-plaque. + ANTHON ⁝ D ⁝ G ⁝ CALABR ⁝ LOTOR ⁝ ET ⁝ B ⁝ D. Ecu précédent.

℞. ✠ MONETA·NOVA·FACTA·IN·NANCEIO. Bras sortant d'une nue et tenant une épée. (XIV, 13 var.) *TB.* 1 50

99 Double denier. + ANTHON·D·G·CALABR·LOTOR. Ecu parti de Lorraine et de Bar, timbré d'une couronne à cinq trèfles.

℞. + MONETA·FAC TA·NANCEIO. Epée en pal. (XIV, 14 var.) 2 var. *B.* à 1 »

100 Denier. Ecu de Lorraine posé sur une épée en pal et croix de Lorraine. (XIV, 15 et 16.) 4 var. *B.* à 0 50

FRANÇOIS I (1544-1545).

101 Teston. + FRANCISCVS·D·G·LOTHOR·B·Z·GLD ⁝ D ⁝. Buste couronné, à gauche.

℞. MONETA·NANCEII·CVSA. Ecu plein de Lorraine, timbré d'une couronne. A l'exergue, 1544. (XVII, 7.) *B.* 25 »

102 Autre avec 1545. (XVII, 8.) *B.* 20 »

103 Double denier. + FRANCISCVS·D·G·LOTHO. Ecu parti de Lorraine et de Bar, timbré d'une couronne.

℞. + MONETA+F ACTA+NAN. Epée en pal. (xvii, 4 var.) *B.* 1 »

104 Autre avec + FRANCISCVS+D+G+CALABR. *B.* 2 50

CHARLES III (1545-1608).

105 Double ducat. CAROL·D·G·CAL·LOTH·B·GEL·DVX. Le duc en buste, à droite, tête nue, cuirassé, les épaules couvertes d'un manteau.

℞. DA MIHI VIRTV·CONTRA HOST TVOS. Ecu plein à huit quartiers; l'écu de Lorraine broche sur le tout. Au dessus, une couronne. Dans le champ, deux croix de Lorraine couronnées. Entre les fleurons de la couronne : (15)88. (xxiii, 2.) *FDC.* 180 »

106 Florin. ‡CAROL·D·G·CAL.LOTAR·B·DVX·1566. Buste armé de Charles III, à droite; le duc porte des moustaches et une barbe naissante.

℞. ‡MONETA·AVREA·NANCEII·C. Ecu plein à huit quartiers avec un petit écu aux trois alérions brochant sur le tout; au dessus, une couronne. (xxi, 6 var.) Variété inédite. Or. *TB.* 215 »

107 Double pistole. CAROL·D·G·CAL·LOTH·BAR·GEL·DVX. Ecu couronné pareil à celui du nº 105 et accosté d'une croix de Lorraine. Entre les fleurons de la couronne : 1587.

℞. ‡DA·MIHI·VIRTV'·CONTRA·HOSTES·TVOS. Croix de Jérusalem cantonnée de quatre croisettes et entourée de huit arcs. C. Robert 1451. Or. *TB.* 180 »

108 Demi-pistole semblable au nº précédent. (xxiii, 4.) Or. *FDC.* 140 »

109 Ecu. + CAROL9:D:G:CALA:LOTHO:BAR.GVEL:DVX.

Buste de Charles enfant, à droite, la poitrine couverte d'une riche cuirasse.

℞. Sans légende. Ecu de Lorraine couronné, entouré de 7 écus formant les quartiers de l'écu ducal. Dans le bas, la date 1557. (XIX, 10.) *TB.* 120 »

110 La même pièce en étain. *TB.* 1 50

111 Ecu. ✝CARO+D+CAL+LOTHO+BAR+GEL+DVX. Buste armé du duc, à droite.

℞. Sans légende. Ecu de Lorraine couronné, entouré des sept écus formant les quartiers de l'écu ducal. Dans le bas, la date 1569. (XX, 2.) *FDC.* 150 »

112 Ecu. ✝CAROLVS·D:G:CAL·LOTHAR·BAR·GEL·DVX. Buste du duc, à gauche, portant une cuirasse et une écharpe. Dessous, 1603.

℞. MO·NOV A· N ANC·CVS. Ecu plein de Lorraine, surmonté d'un heaume couronné, drapé et timbré d'une aigle et soutenu par deux aigles. Dessous, G, initiale du maître de la Monnaie, N. Gennetaire. (XXIV, 3.) *FDC.* 140 »

113 Teston. + CARO·D·G:CAL·LOTAR·B·GEL·DVX. Buste enfantin et cuirassé, à dr., la tête couronnée.

℞. + MONETA·NOVA·NANCEI·CVSA. Ecu couronné aux huit quartiers, avec un petit écu de Lorraine sur le tout. (XIX, 7.) *B.* 3 »

114 Autre avec un point secret sous le T de MONETA. *B.* 3 »

115 Autre avec ✝CARO·D:G·CAL·LOTAR·B:GEL·DVX. *TB.* 5 »

116 Autre avec D·G·CAL·LOTA·B· etc. et un petit B (initiale du maître N. Briseur, 1563-1574) entre NOVA et NANCEI. *TB.* 5 »

117 Quart de teston. + CARO·D·G·CAL·LOTAR·B·ZGELD·DVX. Buste enfantin couronné et tourné à droite.

℞. ✠ MONETA·NANCEII·CVSA:1553. Ecu précédent couronné et accosté d'une croix de Lorraine. (XIX, 8 var.) *B.* 5 »

118 Autre sans date. ✝CARO∘D∘G∘CAL∘LOTAR∘B∘GEL∘

DVX et ‡ MONETA∘NOVA∘NANCEI∘CVSA. (XIX, 9.) *FDC.* 4 »

119 Autre, mais on voit un petit B (N. Briseur) entre NOVA et NANCEI. *B.* 2 »

120 Teston. ‡ CARO·D:G·CAL·LOTA·B·GEL·DVX. Buste viril du duc, à droite.

℞. ‡ MONETA·NOVA NANCEI·CVSA. Un petit F, initiale du maître J. Ferry (1574-1582), entre NOVA et NANCEI. (XXI, 4.) *TB.* 3 »

121 Autre sans signe séparatif dans la légende de l'avers, et ‡ MONETA·NOVA F NANCEI·CVSA. *B.* 3 »

122 Quart de teston aux mêmes types. (XXI, 5.) *TB.* 3 »

123 Teston. ‡ CAROLVS·D·G·CAL·LOTH·B·GEL·DVX. Buste cuirassé, à droite, le cou entouré d'une fraise.

℞. ·MONETA·NOVA G NANCEI·CVSA. Ecu couronné, et accosté d'une croix de Lorraine couronnée. A l'exergue, 1583 entre deux points. La lettre G intercalée dans la légende est l'initiale de Nic. Gennetaire (1582-1616). (XXII, 2.) *B.* 5 »

124 Autre de 1584. *B.* 5 »

125 Teston. + CAROL·D·G·CAL·LOTH·B·GEL·DVX· Buste cuirassé du duc, à droite, avec col rabattu.

℞. ‡ MONETA·NOVA G NANCEII·CVSA. Ecu couronné. (XXIII, 6.) *TB.* 3 50

126 Variété avec ·CAROL·D:G·CAL·LOTH·BAR·GEL·DVX· *B.* 3 50

127 Variété avec ·+ CAROL·D·G·CAL·LOTH·BAR·GEL·DVX·

℞. MONETA·NOVA NA·NCEII·CVSA (au commencement de cette légende l'initiale de Gennetaire). Ecu couronné, accosté de deux croix de Lorraine couronnées. A l'exergue ·1587· (XXIII, 5 var. — *Cat. Monn.* 381.) *B.* 5 »

128 Double denier à l'écu parti de Lorraine et de Bar et à l'épée en pal. (XVIII, 1, 5 et 6.) *B.* à » 50

129 Denier. + CARO·D·G·CAL·LOTAR·B·DVX. (Lettres

modernes.) Ecu parti de Lorraine et de Bar surmonté d'une couronne.

℞. ·MONETA·F ACTA·NAN. (Lettres de forme gothique.) Epée en pal. (XIX, 2 var.) *TB.* 1 »

130 Autre avec les mêmes types et légendes, sauf que les lettres sont toutes modernes. (C. Robert 1477.) *B.* 1 »

131 Denier. CAROL·D:G· LOTH·B·DVX. Epée en pal sur laquelle est posée la bande de Lorraine.

℞. ✝MONETA·NOVA·NANCEI·CV. Croix fleurdelisée. (XVIII, 7.) *B.* » 60

132 CAROLVS·D G·LOTH·DVX. Ecu de Lorraine posé sur une épée en pal.

℞. + MONETA NANCEI·C. Croix de Lorraine. Entre MONETA et NANCEI une petite ancre, signe du graveur. (XVIII, 11.) *B.* » 50

133 Autre avec LOTH·DVX ou DX· et ✝ MONETA B (Briseur) NANCEI.C. *B.* à » 50

134 Autre avec ✝ MONETA[G] (Gennetaire) NANCEI·CV. *B.* » 50

135 Variété avec CARO·D·G·LOTAR·DVX· et + MONETA· FACTA·NAN. (XVIII, 12.) *B.* » 50

136 + CARO·D·G·LOTAR·DVX. Alérion.

℞. MONETA· NANCEI. Epée en pal. (XVIII, 13 var., et 14.) *B.* à » 75

137 + CAROLVS·D:G·DVX·LOTH· Croix de Jérusalem cantonnée de quatre croisettes.

℞. MONETA NO VA NANCEII. Epée en pal, accostée de deux croix de Lorraine couronnées. (XVIII, 15 var.) *AB.* » 50

138 CAROL·D·G· LOTH·B·DVX. Epée en pal accostée de deux croix de Lorraine couronnées.

℞. MONETA·NOVA·NANCEI. Croix de Jérusalem cantonnée de quatre croisettes. (XVIII, 16.) Troué. *B.* » 50

139 CARO·D·G· LOTH·DVX. Epée en pal accostée de deux C.

℞. ✝MONETA·NANCEI·C. Croix de Jérusalem, cantonnée de quatre croix de Lorraine. (XVIII, 17 var.) *AB.* » 75

140 CAR·D·G·LOT·ET·B·DVX. Écu couronné. ℞. MONETA·NOVA·NANCEII. Deux C entrelacés, entre deux petites croix de Lorraine. (XVIII, 18.) *TB.* 1 50

HENRI II (1608-1624.)

141 Florin. ✝ HENRI·D:G·DVX·LOTH·MARCH·D·C·B·G, entre deux grènetis. Dans le champ, les armes pleines de Lorraine.

℞. MONETA·AV REA·NANCEII C. Saint Nicolas debout à côté de la cuve avec les trois enfants. A l'exergue, l'initiale du graveur Gennetaire. (XXIV, 4 var.) Or. *TB.* 23 »

142 Autre avec NANCEI et sans points entre les mots de la légende de l'avers. (C. Monn. n° 514. — C. Rob. n° 1517.) Or. *B.* 18 »

143 Florin. ✝ HENRI·D·G·DVX·LOTH·MARC·D·C·B·G. Son buste cuirassé et drapé, à droite, avec col rabattu.

℞. MONETA·AVREA·NANCEII·CV. Ecu couronné. (XXV, 1 var.) Variété dans le dessin. Or. *TB.* 125 »

144 Autre avec ✝ HENRI·DG·LOTH·DVX·MARC·D·C·B·G et MONETA·AVREA·NANCE. Variété inédite. Or. *B.* 75 »

145 Teston. ✝ HENRI·D:G·D VX·LOTH·MARC·D:C·B·G. Buste du duc, à droite, coupant la légende par le bas.

℞. ✝ MONETA·NOVA·NANCEII·CVSA. Ecu plein de Lorraine, surmonté d'une couronne qui ne coupe pas la légende. (XXV, 2.) *B.* 7 »

146 Autre avec ✝ HENRI·D:G·DVX· LOTH·MARCH·D:C·B·G. et écu surmonté d'une couronne qui coupe la légende dans le haut. (C. Robert, n° 1519 var.) *B.* 8 »

147 Autre. Même légende. Le buste ne coupe pas la légende.

℞. Même revers que précédemment, seulement on voit entre les fleurons de la couronne la date 1614. (XXV, 2.) *B.* 10 »

148 Autre avec NANCEI et la date 1615. *B.* 12 »

149 Double denier. HENRIC·D:G·LOTH·B·DVX·M. Alérion couronné.

℞. MONETA·NOVA·NANCEI. Ecus accolés de Lorraine et de Bar sous une couronne. Au dessous, G (Gennetaire). (XXV, 9, avec les légendes interverties.) *TB.* 1 50

150 Double denier. HENRI·D:G·LOTH·B:DVX. Ecus de Lorraine et de Bar accolés et surmontés d'une couronne. Au dessous, un G.

℞. MONETA·NOVA·NANCEI·CVSA. Alérion couronné. (XXV, 9 var.) *B.* 1 »

151 Autre avec NANCEI·CVS et NANCEII·CV. *B.* à 1 »

152 Autre avec HENRI·D:G·DVX·LOTH·M ou MA et MONETA·NOVA·NANCEII·CVSA ou CVS ou CV ou NANCEI·CVS. (XXV, 10 var.) *B.* à » 60

153 Double denier. Avers pareil au revers du n° 149. Revers pareil à celui du n° 151 avec CVS. (C. Robert, 1552 var.) *B.* 5 »

154 Denier. HENRI·D:G·LOTH·B·D ou B·DV ou B·DVX. Cartouche parti de Lorraine et de Bar, surmonté d'une couronne.

℞. MONETA·NOVA·NANCEI ou NANCEI·CVSA ou CVS ou NANCEII·C. Alérion couronné. (XXV, 11.) *B.* à » 50

155 Denier. HENRI·D·G·DVX·LOT ou LOTH ou LOTH·M. Cartouche parti de Lorraine et de Bar surmonté d'une couronne.

℞. MONETA·NOVA·NANCEII ou NANCEII·CV ou C. Alérion couronné. (XXV, 12 var.) *B.* à » 50

156 Denier de 1623 aux armes pleines de Lorraine et à la croix de Lorraine. (XXV, 7.) *B.* 1 »

157 HENRI·D:G·LOTH·B·DVX. Epée en pal accostée de deux croix de Lorraine couronnées.

℞. ✝ MONETA·NOVA·NANCEI. Croix de Jérusalem cantonnée de quatre croisettes. (XXIV, 6.) *B.* 1 »

CHARLES IV ET NICOLE (1624-1625).

158 Testons de 1625 et 1626 aux bustes de Charles et de Nicole et aux armes de Lorraine sous une couronne. (XXV, 13.) *B.* à 50 »

159 Double denier de 1625. CAR·ET·NIC·D·G·DVC·LOTH·ET·BA. Alérion couronné, coupant la date.
R. MONETA·NOVA·NANCEII. Ecu parti de Lorraine et de Bar, surmonté d'une couronne et accosté de deux croix de Lorraine couronnées. (XXV. 15 var.) *B.* 2 »

160. Autre sans date, avec LOTH·ET·B et avec ou sans croix de Lorraine à côté de l'écu. (XXV, 16 var.) *B.* à 1 »

161 Autre sans date avec NANCEII·CV. *B.* 1 »

162 Denier. CAR·ET·NIC·D G·DVC·LOTH·B ou LOTH. Alérion couronné.
R. MONETA·NOVA·NANCEI ou NANCE. Cartouche à la bande de Lorraine surmonté d'une couronne. (XXV, 17.) *B.* à 1 »

163 Teston de 1627. ‡ CAROLVS·D·G·DVX·LOTH·MARCH. DVX·C·B·G. Buste du duc, à droite.
R. MONETA+NOVA*NANCEII+CVSA. Ecu plein de Lorraine, timbré d'une couronne entre les fleurons de laquelle se trouve la date 1627. (XXVI, 6 var. — C. Monn. 593.) *B.* 15 »

164 Autre de 1629 et 1632. (XXVI, 4.) *B.* à 10 »

165 Double denier à l'écu parti de Lorraine et de Bar et à l'alérion couronné. (XXVI, 7.) *B.* 1 »

166 Double denier et denier aux écus accolés de Lorraine et de Bar et à l'alérion couronné. (XXVI, 8 et 10.) *B.* à 1 »

NICOLAS-FRANÇOIS

167 Teston fr. à Florence. ✠FRANC·D·GDVXLOTH·MARC·D· C·B·G· Son buste, à droite; sous l'épaule, une fleur de lis entre deux points.
R. MONETA·NOVA·FLORENT·CVSA. Ecu de Lorraine sous une couronne, entre les fleurons de laquelle on voit : 1635. (XXVII, 1 var.) *AB.* 58 » *TB.* 80 »

OCCUPATION FRANÇAISE

LOUIS XIII (1634-1661).

168 Double lorrain 1635 et 1636, fr. à Stenay. (XXVII, 2.) Cuiv. *B.* à 1 50

CHARLES IV (1634-1661), pendant l'occupation française.

Atelier de Remiremont.

169 Double pistole de 1639. Ecu couronné et croix (XVII. 5.) *FDC.* 200 »

170 Teston. Buste du duc, à droite.
℞. MONETA·NOVA·ROMAR^TI·CVSA. Ecu de Lorraine sous une couronne, entre les fleurons de laquelle se trouve la date de 1638. (XXVII, 4.) *TB.* 15 »

CHARLES IV (1661-1675).

171 Ecu d'or. CAR·IIII·D:G·DVX LOTHA·ET·BAR. Sa tête laurée, à droite; sous le cou : 1669.
℞. SIT NOM DOM BEN. Le chiffre couronné du duc formant une croix, portant au centre une croix de Lorraine. (XXVII, 8.) Or. *FDC.* 150

172 Teston. CAROLVS·D·G·DVX·LOTH·MARCH·D·C·B·G. Buste du duc, à droite.
℞. MONETA·NOVA·NANCEII·CVSA·1663. Ecu plein de Lorraine timbré d'une couronne. (XXVIII, 1.) *TB.* 8 »

173 Autre de 1665 avec LOTH·MAR·D·C·B·G. *FDC.* 8 »

174 Autre avec LOTH·MA·C·B·G. *TB.* 6 »

175 Teston pareil à celui du nº 172, avec la date 1667. *FDC.* 6 »

176 Teston. CAROLVS·IIII·D·G LOT·ET·B·DVX. Buste du duc, à droite.
℞. MONETA·NOVA·NANCEII·CVSA·1668. Ecu couronné. (XXVIII, 2 var.) *TB.* 6 »

177 Autre avec CAROLVS·IIII·D·G ·LOT·ET·B·DVX et la date 1669. (XXVIII, 2.) *TB.* 6 »

178 Demi-teston de 1663 pareil au nº 172. (XXVIII, 3.) *B.* 6 »

179 Demi-teston de 1666 pareil au nº 173, mais avec LOT. (XXVIII, 3.) *FDC.* 5 »

180 Quart de teston de 1666, pareil au nº précédent, avec CAR·D·G·DVX·LOTH·ET·B·D. (XXVIII, 5.) Echancré. *B.* 3 »

181 Autre demi-teston avec la date 1668. *TB.* 5 »

LEOPOLD I (1697-1729).

182 Ecu. LEOP·I·D·G·D·LOT·BA·REX·IER. Buste drapé du duc, à droite.
℞. IN·TE·DOMINE SPERAVI·1704. Ecu parti de Lorraine et de Bar posé sur un cartouche et surmonté d'une couronne. (XXIX, 8.) *TB.* 58 »

183 Ecu. LEOPOLDVS·I·G·D·D·LOT·BAR·REX·IER. Buste du duc, à droite; devant le cou S.V. (Ferd. de Saint-Urbain, graveur).
℞. IN+TE+DOMINE SPERAVI·1710. Ecu de Lorraine couronné et posé sur un cartouche. (XXX, 5.) *TB.* 45 »

184 Demi-écu. LEOPOLDVS·I·D·G·D·LOT·BA·REX·IE. Tête du duc, à droite.
℞. IN·TE·DOMINE SPERAVI·1718. Ecu de Lorraine, timbré d'une couronne. (C. Monn. nº 748.) *B.* 10 »

185 Autre, de 1719 (XXXI, 9.) *B.* 8 »

186 Teston. LEOP·I·D·G·D·LOT·BA·REX·IE. Petit buste drapé, tourné à droite.
℞. IN·TE·DOMINE·SPERAVI·1702. Ecu rond aux armes pleines de Lorraine, posé sur un cartouche et timbré d'une couronne fermée. (XXIX, 6.) *B.* 10 »

187 Teston aux mêmes légendes et types, mais porte deux petites croix de Lorraine à droite et à gauche de la couronne du revers et la date 1701. Date inédite. *FDC.* 15 »

188 Teston. LEOP·I·D·G·D·LOT·BA·REX·IER. Buste, à droite.

℞. IN·TE·DOMINE ✠ SPERAVI·1710. Ecu de Lorraine surmonté d'une couronne fermée. (XXVIII, 7.) *B.* 3 »

189 Teston. Avers pareil au précédent.

℞. Croix de Jérusalem couronnée. Trois pièces avec les dates 1710, 1713 et 1714. (XXX, 7.) *B.* à 2 50

190 Même pièce de 1711. *TB.* 4 »

191 Variété de la pièce précédente avec REX·IE. *B.* 3 »

192 Teston. LEOP·I·D·G·D LOT·BA·REX·IE. Tête du duc, à droite.

℞. IN·TE·DOMINE SPERAVI·1716. Ecu de Lorraine posé sur un cartouche et surmonté d'une couronne. Au dessous, à gauche, un petit alérion. (XXX, 9.) *TB.* 15 »

193 Teston. Avers précédent.

℞. Légende et date du revers précédent. Ecu couronné à la croix de Jérusalem, cantonnée de quatre croisettes. Dessous l'écu, à gauche, un petit alérion. (XXXI, 1.) *B.* 2 50

194 Autre de 1717. *B.* 4 »

195 Autre de 1720, surfrappé sur un teston de 1716. *B.* 2 75

196 Teston. LEOP·I·D·G·D·LOT·BA·REX·IE. Tête du duc, à droite, sous le cou, une rosette.

℞. IN·TE·DOMINE SPERAVI·1718 ou 1721. Ecu de Lorraine couronné. (XXXI, 5.) 2 p. *TB.* à 7 »

197 Teston. LEOP·I·D·G·D· LOT·BAR·REX·IER. Buste drapé du duc, à droite.

℞. ·IN·TE·DOMINE·SPERAVI·1722. Ecu parti de Lorraine et de Bar et couronné. Deux pièces, l'une de 1722, l'autre de 1723. (XXXI, 11.) *B.* à 3 »

198 Demi-teston. Buste, à droite.

℞. Ecu de Lorraine couronné; à droite, et à gauche, une croisette. Exemplaire frappé sur un demi-teston de 1704. (XXX, 2.) *B.* 3 »

199 Demi-teston. LEOP·I·D·G·D· LOT·BA·REX·IE. Buste du duc drapé et tourné à droite.

℞. IN·TE·DOMINE SPERAVI·1711. Croix de Jérusalem, timbrée d'une couronne fermée. Dessous la croix, un petit alérion séparant la légende. (XXX, 8.) *B.* 3 »

200 Demi-teston de 1720. Tête du duc, à droite.
℞. Ecu de Lorraine couronné. (XXXI, 6.) *B.* 3 »

201 Écu ou Aubonne. LEOP.I.D.G.D. LOT.BAR.REX IER. Tête du duc, à droite.
℞. IN.TE.DOMINE. SPERAVI. 1724. Écu plein de Lorraine, surmonté d'une couronne. (XXXII, 5.) *TB.* 18 »

202 Autre avec la date 1725. *B.* 16 »

203 Demi-Aubonne de 1724. (XXXII, 2.) *B.* 4 »

204 Quart d'Aubonne de 1725. (XXXII, 6.) *B.* 2 50

205 Écu. Avers pareil à celui du n° 201.
℞. IN·TE·DOMINE·SPERAVI· ·1726. Croix formée de huit L couronnés et cantonnés de quatre alérions. Dans le champ, la croix de Jérusalem. (XXXII, 8.) Très rare. *TB.* 35 »

206 Pièce dite Masson. Avers précédent.
℞. MON. NANC. CVSA 1728. Quatre alérions couronnés, placés autour d'une croix de Jérusalem. (XXXIII, 1.) *B.* 2 »

207 Pièce de soixante deniers, 1726. (XXXII, 9.) Bill. *FDC.* 2 »

208 Pièce de trente deniers, 1726. (XXXII, 10.) Bill. *B.* 1 »

209 Pièce de douze deniers, 1727. (XXXII, 11.) Bill. *B.* 1 »

210 Pièce de trente deniers, 1728. Alérion couronné et croix. (XXXIII, 2.) Bill. *B.* 1 »

211 Pièce de trente deniers, s. d. Deux L adossés couronnés et accostés de trois alérions et croix. (XXXIII, 4.) Bill. *TB.* 1 50

212 Même pièce avec les L entrelacés. (XXXIII, 5.) Bill. *TB.* 3 »

213 Pièce de quinze deniers, s. d., aux mêmes légendes et types qu'au n° 212. (XXXIII, 6.) Bill. *B.* 1 »

214 Double denier. Écus de Lorraine et de Bar surmontés d'une couronne et alérion. (XXVIII, 10.) Bill. *TB.* » 80

215 Autre, avec REX.IER et NANCEI. Bill. *B.* » 60

216 Liards de 1706, 1708, 1713, 1714, 1715, 1726, 1727, 1728 et 1729. (XXX et XXXIII, 3.) C. *B.* à » 30

FRANÇOIS III (1729-1737).

217 Petit écu. FRANC·III·D·G·DVX·LOT·BAR·REX·IER. Buste drapé et cuirassé, à droite.

℞. IN·TE·DOMINE·SPERAVI·1736. Écu parti de Lorraine et de Bar, couronné et accosté de deux croix de Lorraine. (XXXIV, 8.) *FDC.* 110 »

218 Quart d'écu. Mêmes légendes et mêmes types. (XXXIV, 9.) *TB.* 25 »

219 Pièce de trente deniers. FRANCISCVS.III.D.G.D.LOT. B.REX.IER.1729. Alérion couronné.

℞. ✠ PIECE·DE·XXX·DENIERS. Croix de Jérusalem, cantonnée de quatre croisettes. (XXXIV, 4.) Bill. *B.* 2 »

MÉDAILLES

RENÉ D'ANJOU

220 Méd. de la série ducale de Saint-Urbain aux bustes de René d'Anjou et d'Isabelle de Lorraine. Arg. *TB.* 28 »

ANTOINE

220 *bis*. Médaille allemande. Buste d'Antoine, coiffé d'un chapeau et tourné à droite.

℞. Buste de Renée de Bourbon, sa femme, à gauche. (Köhler, M. B. VIII, 33. — *Trésor de numism.* Méd. allem., IX, 8. — Dom Calmet, II, XL.) Pièce coulée. 24 gr. *TB.* 35 »

221 La même de la série ducale de Saint-Urbain. Arg. *FDC.* 30 »

222 Méd. KAROLI·D:G·LO TOR·BAR:GEL·DVX. Buste enfantin à mi-corps, à droite, tenant une paire de gants dans la main droite.

℞. Écu plein de Lorraine couronné, soutenu par quatre génies. A l'exergue : ⚒ ANDURER·PO VR·RECOVVR IRE, en trois lignes. (Comp. de Saulcy, XVIII, 20.) Superbe médaille faite avec deux plaques. 36 mm. 8 gr.

TB. 600 »

223 ✠ CAROLVS·DEI·G·CAL·LOTH·B·GEL·DVX·1580. Buste cuirassé du duc, à droite.

℞. COELITVS·ORTA·HOMINI·PAX·TVTIOR·INCVBAT·ARMIS. La Paix couchée tenant l'écu de Lorraine. Dans le haut, une nue percée par des rayons. (Dom Calmet, III, LV. — Cat. Rob., 1491.) 32 mm. 16 gr.

TB. 170 »

CHARLES IV (1661-1675).

224 Petite médaille à bélière gravée par J. Hardy, graveur à Nancy, 1660. Buste du duc cuirassé, à dr.; dessous le bras : ·H·F·

℞. FAMA·SVA·CIRCVIT·ORBEM. La Renommée embouchant une trompette aux trois alérions, au dessus de la ville de Nancy. (Lepage, pl. IV, fig. 3.) 19 mm. 3.5 gr. *B.* 20 »

225 Hommage lige à Louis XIV pour le duché de Bar, 1661. Méd. de Mauger. Tête de Louis XIV.

℞. Le duc à genoux devant le roi de France. (C. Monn., 665.) Br. 41 mm. *FDC.* 4 »

CHARLES V

226 Médaille. Son mariage 1678.

❀ ELEONORÆ.AVSTRIACÆ.ET.CAROLO.LOTHARINGICO. Bustes de Charles V et de sa femme vus de trois quarts, à droite.

℞. FLVIT.EX.ASTRIS.OMNIS.FELICITAS. Double tête placée sur un autel; au dessus, deux cœurs enflammés surmontés d'une couronne ducale. Des nues un Génie verse des rayons lumineux qui remplissent le champ. A droite et à gauche de l'autel, les écus de Lorraine et d'Autriche dans un cartouche couronné. La date résulte du chronogramme. (Herrgott, t. II, pl. XXXVIII, fig. 24. — Wesz, G, pl. VI, fig. 6. — C. Monn. n° 684.) Méd. coulée et dorée. 74 mm. 94 gr. *TB.* 110 »

227 La même médaille coulée et ciselée. 74 mm. 100 gr. *TB.* 70 »

228 La même médaille coulée et ciselée. 54 mm. 39 gr. *TB.* 30 »

229 S. d. (1678). CAROLVS DVX LOTH. Le duc, à droite, en

buste, tête nue, cheveux longs, portant une cuirasse et une écharpe.

℞. ELEON·R·P DVC·LOTH· Buste de la duchesse, à droite. (C. Monn. nº 687.) 17 mm., 2,8 gr. *TB.* 20 »

230 CAROLVS.V.D.G LOTH. & BAR.DVX. Buste cuirassé et drapé avec longue perruque, à droite.

℞. ELEONORA.REG. POL.DVX.LOTH.ARCH.AVST. Buste de la duchesse, à droite, dessous le nom du graveur. Méd. coulée. 64 mm. *AB.* 10 »

231 ⊙INny MDCLXXXV (dans le haut). Ecus de Bavière, de Lorraine et de Waldeck, au dessous : PYLEN DER VERLOSSINGE TEGENS DE SYRIERS 2. KON. XIII. V. 17 (en trois lignes). Dans le bas, trois flèches.

℞. Bataille de Gran, au dessus le plan de Neuheusel. A l'exergue : SLACH BY GRAN $\frac{6}{16}$ AVG (en deux lignes). Légende sur la tranche. 43 mm. 35 gr. *FDC.* 13 »

232 La même médaille avec légendes allemandes. Sous les flèches au droit LGL (Lazare-Gottlieb Laufer, graveur à Nuremberg), sans légende sur la tranche. (C. Monn. nº 694 — Sz. 34.13.) Br., 40 mm. *TB.* 2 »

233 Prise de Bude. CAROLUS.V.D.G.LOTAR:ETBARRI:DUX. Buste de trois quarts, à droite, la tête et les épaules couvertes d'une peau de lion. Au dessous : BVLLONIVS ALTER.

℞. INFIDELIBVS HVNGARIA PVLSIS. Une femme debout, à droite, sur des remparts, pose le pied gauche sur le cadavre d'un Turc, tend la main droite au duc et le couronne de la main gauche. Le duc Charles V est debout sur une tour battue en brèche et entourée de flammes. Dans le bas : BVDA·CAPT· 1686 (en deux lignes) et I·S· (Jean Schmeltzing, graveur à Leyde). A droite, une croix plantée sur une tour et à gauche, une aigle romaine derrière un prisonnier. (Dom Calmet, pl. V, fig. 98. — C. Monn., 697). Br. argenté. 58 mm. *TB.* 15 »

234 Prise de Bude. BVDA CVM DEO RECVPERATA 2.SEPT· A· 1686. Vue de la ville assiégée ; au dessus, plane la Victoire tenant une croix et une palme.

℞. AVXILIUM CHRISTIANORVM. La Vierge, debout sur le croissant, abrite de son manteau quatre personnages (le Pape, l'empereur Léopold I, l'électeur de Bavière et le duc de Lorraine) agenouillés à ses pieds. Dans le bas PS (Peter Seel, graveur à Salzbourg). (Wesz, pl. XII, fig. 3. Æ. — Zeller, Salzb. Münzen, p. 122 nº 17. — Mém. de la Soc. d'arch. lorr., 3ᵉ série, vol. XIV, p. 397, pl. nº 1). Cuivre jaune, ovale. 37/44 mm. *B.* 15 »

235 NVMInIs AVXILIIs BVDA VI CAPTA·2·SEPTEMB· Vue de la ville assiégée. La légende est un chronogramme, dont résulte la date 1686.

℞. SOLI DEO GLORIA. Dans le haut, le Christ entre la Vierge et saint Joseph sur des nues ; au-dessous, deux groupes : l'un, à gauche, formé du clergé ; l'autre, avec l'empereur Léopold I à sa tête, formé de princes et de généraux. Dans le bas, P.S (Pierre Seel, graveur à Salzbourg). (Zeller, Salzburg, p. 122, nº 17. — Mém. de la Soc. d'arch. lorr., 3ᵉ série, vol. XIV, p. 405, pl. nº 2.) Cuivre jaune, ovale. 45/42 mm. Exemplaire troué par le milieu. *B.* 6 »

236 CAROLVS·V·D·GRATIA. LOTHARIN·ET·BARRI·DVX. Buste drapé et cuirassé, à droite, les cheveux tombant jusque sur la cuirasse. Sous la tranche du bras, 1686.

℞. Sans légende. Le duc vêtu à l'antique délivre, en marchant sur des monceaux d'armes et sur un cadavre, le Christianisme des mains du Mahométisme. Dans le fond, un temple portant sur le fronton CHRISTO VLTORI. Sur un des boucliers, couché p. terre : LORENA. Dans le bas : M. S. (Maximilien Soldani, graveur à Florence). (Dom Calmet, pl. v, fig. 28. — C. Monn., nº 715.) Br. 87 mm. *TB.* 40 »

237 CAROL·V·LOTHARING ET BARR·DVX. Buste du duc, à droite, avec cuirasse et écharpe. A gauche, devant lui, le bâton de commandement et un casque.

℞. QVOMODO CECIDISTI DE CÆLO. Le duc, armé de toutes pièces, les armes de Lorraine sur sa cuirasse, tient de la main droite une épée, et de la gauche un bouclier à la Vierge et combat le Mahométisme symbolisé par un hydre armé d'un bâton et tenant un bouclier au croissant. Dans le haut, un calice reposant sur le soleil et portant la sainte hostie de laquelle jaillit le sang du Christ sur l'hydre. Une flèche partant de la Vierge frappe l'hydre, sous les pieds duquel on voit : EI. Dans le lointain, une ville fortifiée. (C. Ampach, n° 3209. — C. Monn., n° 705. — C. Rob, n° 1577.) 54 mm. 58 gr. *TB.* 70 »

238 La même en br. argenté. *B.* 5 »

239 S. d. (1686) CAROLVS DVX LOTHARINGIÆ. Buste nu, drapé et cuirassé, à droite. Sur la tranche du bras CIL (Christophe-Jacques Leherr, graveur à Augsbourg). Au dessous du duc, un petit triangle pareil à ceux placés dans la légende.

℞. IUNCTA PIÆ FORTIS (en légende) FORTIOR horizontalement dans le bas). Deux bras, sortant des nues, dont l'un tient la croix, l'autre, une tête de Turc au bout d'une épée, brisent le croissant. Entre la croix et l'épée, une petite étoile. Au dessous de FORTIOR un petit triangle. (C. Monn., n° 711.) 34 mm. 16 gr. *TB.* 60 »

240 Variété de la médaille précédente, sans nom du graveur et sans ponctuation entre les mots de la légende du revers. Entre la croix et l'épée, un point, au lieu d'un triangle. (Blätter für Münzfreunde, t. IV, p. 505.) 17 mm. 2.8 gr. *FDC.* 10 »

241 Variété de la pièce précédente. CAROLVS Dvx LOTHRINGIÆ. Buste lauré, cuirassé et drapé à droite. Sur la

tranche du bras CIL. Revers semblable au n° précédent. 17 mm. 2.3 gr. *B.* 5 »

242 S. d. CAROLVS.V.D.G. DVX.LOT.MAR.D.C.B.G. Buste lauré, drapé et cuirassé à droite.

℞. VIRTVS.GERMANORVM (sur une banderole.) Aigle lançant ses foudres sur des monuments mahométans, d'où tombent les croissants qui les surmontaient. A l'exergue : PANN.VINDICATA. En bas, à droite, dans le champ, S.V. (Ferd. de Saint-Urbain.) (C. Monn., n° 707.) Br. 58 mm. *FDC.* 5 »

243 Bataille de Mohacz. ES ZEIGT MOHATZ·DEN KRIEGES = PLATZ·UND SIEGES = SCHATZ. Attaque de cavalerie, à droite ; dans les premiers rangs, un cavalier portant l'étendard aux trois alérions. Au dessus, le buste de l'électeur de Bavière tourné à droite et celui du duc de Lorraine, à gauche.

℞. WO LUDOVICI NIDERLAG. 29 AUG. 1526. KOMMT LEOPOLDI·SIEGAMTAG 12 AUG 1687. L'empereur Léopold Ier couronné par la Victoire et assis sur un char traîné par trois lions, à gauche. Une main sortant des nues lui présente une palme. Sous le char, WIH (Hans Jacob Wolrab, graveur à Nuremberg). Légende sur la tranche. (Sz., 37, 39. — C. Monn., n° 703.) 43 mm. 32 gr. *FDC.* 15 »

244 La même médaille. Bronze argenté. *TB.* 4 »

245 Sa mort. CAR.V.D.G.LOTH & BARR. DVX.S.C.M. GENERALISS. Buste cuirassé, à droite ; grande perruque, jabot de dentelles, collier de la Toison d'or. Sur la tranche du bras, G H (Georges Hautsch, graveur à Nuremberg).

℞. SVRGET NOSTRIS EX OSSIBVS VLTOR. Le phœnix sortant d'un bûcher formé d'armes turques et françaises. A l'exergue : OB.WELSI. $\frac{18}{7}$ APR.A.1690.Æ.47 (en deux lignes). Sur la tranche : TERRA VALE ! COELVM LARGITVR MILLE TRIVMPHOS. (C. Monn., n° 713.) Etain. 40 mm. *TB.* 5 »

246 Hommage lige au roi de France pour le duché de Bar,

1699. Méd. de Mauger aux types du nº 225. (C. Monn., 781.) Br. 41 mm. *FDC.* 4 »

LÉOPOLD Ier (1697-1729).

247 Naissance du prince Louis à Lunéville. LEOP·I·D·G·D· LOTH·BA·REX·IE·E·C·AURELIANENSIS. Têtes accolées, à droite, du duc et de sa femme, Elisabeth-Charlotte d'Orléans. Dessous, MAVGER·F.

℞. TE CRESCENTE SURGAM. Arbre entouré d'un cep de vigne. A l'exergue : L·P·LOTH· NAT·XXVIII·IANV· M·DCCIIII· (en trois lignes). (C. Monn., nº 784.) Br. 35 mm. *TB.* 3 »

248 Route de Toul à Nancy. LEOP·I·D·G·LOT·BAR·D·REX· IER·P·P·ET·DELITIVM. Buste du duc drapé, à droite; au dessous, S·V (St Urbain).

℞. VITAE·CONSVLIT·ATQVE·VIAE. Hercule brisant un rocher et procédant à l'ouverture d'une route; à gauche, Mercure. A l'exergue, ·MDCCV· A gauche de la date, S·V. (Ampach, I, nº 3211. — C. Monn., 788 var.) Br. 53 mm. *FDC.* 5 »

249 Abandon des places fortes au roi de France. Avers précédent.

℞. PACI·POPVLORVM·VTRVMQ·LITAVIT. Autel portant les attributs ducaux ; au dessus, une cigogne portant une couronne. A l'exergue : MDCCVI. (V. Loon, V, p. 29. — C. Monn., nº 791.) Br. 59 mm. *FDC.* 8 »

250 Construction du chœur de l'église des Cordeliers de Nancy. LEOPOLDVS·I·D·G· DVX·LOT·BAR·REX·IER. Buste cuirassé et drapé, à droite, avec collier de la Toison d'or. Sur la tranche du bras, SV.

℞. POSTICVM·HVNC· CHORVM·ECCL·F·F·MINOR·, etc., en dix lignes. En haut, une petite croix de Jérusalem. (C. Monn., nº 793.) Cuivre. Galvanoplastie. 53 mm. *TB.* 4 »

251 Voyage à Paris. LEOP·I·D·G·LOTH·ET BAR·D·REX· HIER·P·P·OPT·PR. Buste cuirassé et drapé, à droite, au dessous : I·C· Röettiers Fecit.

℞. ELIZAB·CAR·AVRELIANENSIS CONIVX AVGVSTA. Buste de la duchesse, à droite ; au dessous : I·C·Roettiers F. 1718, en deux lignes. (C. Monn., n° 800. Æ.) Br. 60 mm. *TB.* 8 »

252 Construction de chaussées. LEOPOLDVS·I·D·G·DVX·LOT·BAR·REX·IEROSOL. Buste drapé, à droite ; au dessous, S.V.

℞. VIARUM·PERVIUS·USUS. La duchesse dans un bige au galop, à droite, précédée par Mercure courant sur un pont. A l'exergue : MDCCXXVI. Sous la voûte du pont, SV. (C. Monn., n° 802.) Br. 60 mm. *TB.* 8 »

253 Entretien des chaussées. Avers du n° 250.

℞. PROVIDENTIA·PRINCIPIS. Le duc à cheval passant sur un pont ; de l'autre côté de la rive, Mercure debout. A l'exergue : VIÆ MVNITÆ. M.DCCXXVII (en deux lignes). (Dom Calmet, 6, CII. — C. Monn., n° 803.) Br. 65 mm. *FDC.* 12 »

254 Entretien des chaussées. LEOPOLDVS·I·D:G· DVX·LOT·BAR·REX·IEROSOL. Buste drapé du duc, à droite ; au dessous, S·V.

℞. LOTH·FELIX·OPTIMO·PRINCIPI·P·P. Le duc à cheval passant sur un pont. A l'exergue : VIAE MVNITAE. Br. 47 mm. *TB.* 5 »

ELISABETH-CHARLOTTE D'ORLÉANS, femme de Léopold Ier.

255 Rentrée de la famille ducale à Nancy, après l'évacuation de la ville par les troupes françaises. ELIS·CAR·AVRELIAN·LEOP·I·CONIVX·FIDELISSIMA·AVGG·OP^T^. MATER. Tête de la duchesse, à droite ; sous le cou, S·V. (Ferdinand de Saint-Urbain.)

℞. ET·ADHVC·NOS·PROLE·BEABIT·AN·REGNI·17· La duchesse debout entourée de ses cinq enfants. A l'exergue . NANC·VRB·OBT· 1714 (en deux lignes). (Dom Calmet, 6, 103. — C. Monn., n° 798.) Br. 35 mm. *FDC.* 3 »

256 ELIZ·CAROLA·AVRELIANENSIS·DVCISSA ET REGENS LOT·BARI. Buste de la duchesse régente, à droite ; au dessous, à gauche, SV.

℞. DECORI·GENTIS·PRÆSTANS·VIRTVTEM· La Lorraine et le Barrois personnifiés par une femme tenant un écu ovale, parti de Lorraine et de Bar, surmonté d'une branche de laurier, rendant hommage à la duchesse assise sur un trône. Derrière la femme, une cigogne. A l'exergue : M·D·C·C·XXIX. A gauche de la date, SV. (Dom Calmet, t. V, pl. v, fig. 31. — C. Monn., n° 807.) Br. 57 mm. *TB.* 7 »

FRANÇOIS III (1728-1737).

257 François III déclaré duc régnant par le Conseil de Lorraine assemblé à Lunéville. FRANCISCVS·III·D·G·DVX·LOT·BAR·REX·IER. Buste habillé du duc, à droite. Sous le bras, S.V. (Ferdinand de Saint-Urbain).

℞. ALTER ET IDEM. Paysage; à gauche, un rocher avec un nid d'où s'élance vers le soleil une aigle couronnée. A l'exergue : VIXIT LEOPOLDVS : FRANCISCVS REGNAT XXVII·MARTII·MDCCXXIX (en deux lignes). (Dom Calmet. pl. v, fig. 30. Λ'. — C. Monn., n° 820. — C. Reichel, VII, n° 1833.) Æ. Br. 61 mm. *TB.* 12 »

258 Hommage lige à Louis XV pour le duché de Bar, 1730. Méd. de Duvivier aux types du n° 225. (Fleurimont. Méd. de Louis XV, n° 41. — C. Monn., 818.) Br. 41 mm. *TB.* 6 »

259 Son mariage avec Marie-Thérèse d'Autriche, 1736. FRANC·III·LOTHARINGIC·THERES·AVSTRIAC. Bustes accolés du duc et de la duchesse, à gauche. Dessous : M·D. (Mathias Donner, graveur à Vienne).

℞. VOTORUM TANDEM COMPOTES. La Religion debout, à gauche, couronnant deux cœurs enflammés, posés sur un autel. A l'exergue : CELEB·NVPT·DIE·XII·FEB· MDCCXXXVI (en deux lignes). Au pied de l'autel, D, initiale du gravenr Donner. (Méd. de Marie-Thérèse, n° 3. — C. Monn., n° 817 *bis*.) Bordure en saillie. Or. 27 mm. 10.5 gr. *FDC.* 68 »

260 La même médaille en argent. Bordure en saillie. 8 gr. *FDC.* 4 »

261 TERESIA ET FRANCISCUS. Bustes du duc et de Marie-Thérèse, à gauche; au dessous, P. P. Werner (Pierre-Paul Werner, graveur à Nuremberg). A l'exergue : SPONSI.

℞. CONNUBIUM ILLUSTRAT FATUM. Deux cœurs enflammés sur un autel orné de flambeaux et des écussons d'Autriche et de Lorraine. A l'exergue : A·CH·MDCCXXXVI. (Van Loon, 2e suite, pl. XII, fig. 110. — Méd. de Marie-Thérèse, no 5. — C. Monn., no 822.) Etain 44 mm. *FDC.* 3 »

262 Même avers que précédemment.

℞. SPES NOVA GERMANIAE. Le duc et Marie-Thérèse debout au dessous de l'aigle impériale, se donnant la main. A droite, l'Allemagne assise et appuyée sur un bouclier; à gauche, un génie porte un médaillon aux initiales des époux : T. F. A l'exergue : A·MDCCXXXVI· D·XII· FEBR·, en deux lignes. (Méd de Marie-Thérèse, no 7. — C. Monn., no 823. — C. Mont., no 1673). Etain. 44 mm. *FDC.* 3 »

262 *bis.* Suite ducale exécutée entre 1727 et 1731 par Saint-Urbain et composée de 36 médailles en bronze, renfermées dans deux écrins anciens. *TB.* 130 »

On a ajouté à cette suite la médaille de Charles V (Lepage et Beaupré, Ferdinand de Saint-Urbain, p. 101, no 40) et celle de François I, empereur d'Allemagne, et de Marie-Thérèse.

LA LORRAINE ET LE BARROIS ANNEXÉS A LA FRANCE 1737

263 LVD.XV.REX. CHRISTIANISS. Le roi en buste, à droite, portant le cordon du Saint-Esprit. Dans le bas : DUVIVIER (Jean Duvivier, graveur à Paris).

℞. MINERVA PACIFERA. Le roi, assis sur son trône, reçoit d'une femme, personnifiant la Lorraine et le Barrois, un écu aux armes des deux duchés. Derrière celle-ci,

Minerve tenant un caducée. Dans le bas : D.V. A l'exergue : LOTHARING·ET·BAR· REGNOADD· MDCCXXXVII, en trois lignes. (C. Monn., nº 904.) 42 mm. 32 gr. *FDC.* 13 »

STANISLAS LESCZYNSKI (1737-1766).

264 Les Lorrains et Barrois prêtent serment de fidélité au roi de Pologne. STANISLAUS I· REX POL·MAG·D·LITH. Buste drapé et cuirassé du roi de Pologne, à droite. Sur la tranche du bras, DUVIVIER.

℞. ACCEPTO A LOTHARINGIS ET BARIENSIBUS FIDELITATIS SACRAMENTO MDCCXXXVII, en six lignes, dans le champ. (Dom Calmet, t. V, pl. III, fig. 40. — Rez. nº 451. — C. Monn., nº 900.) 32 mm. 38 gr. *TB.* 20 »

265 Sa mort 1766. STANISLAUS·I·D·G·REX·POL·M·D·LIT. D· LOT·B· Tête, à gauche; au dessous : DERLANGE (Jean-Nicolas Derlange, graveur à Nancy).

℞. POLON. BIS RE.ABDIC. LOTHAR.DATUS. BENEFICENTISSIUS ANNO 1737 LUNEVILÆ OBIIT 23.FE.1766.A 88.NATUS, en 8 lignes. (C. Monn., nº 914.) Pièce ancienne faite avec deux clichés en plomb. 29 mm. *B.* 3 »

266 STANISLAUS I. LESZCZYNIUS. Buste cuirassé avec manteau, tourné à gauche; au dessous, I.I.REICHEL.F.

℞. Légende en 14 lignes, dans le champ. (Cz. nº 3439.) Très rare. 46 mm. 50 gr. *FDC.* 50 »

Cette médaille fut gravée vers 1792, sur les ordres du roi de Pologne, par Jean-Jacques Reichel, graveur à Varsovie.

267 La même médaille. (C. Monn., nº 913.) Br. argenté. *FDC.* 20 »

JETONS DES ADMINISTRATIONS DES DUCHÉS

ANTOINE (1508-1544).

268 ✝ REDDERE·VNI·CVIQVE·QVOD·SVVM·EST. Croix de Jérusalem cantonnée de quatre croisettes.

℞. ✝ FECIT·POTENCIAM·IN·BRACHIO ⁘ SVO. Bras armé sortant d'une nue ; au dessous, une banderole portant la devise : IESPERE AVOIR. (Numismatische Zeitung. 1844, p. 135, n° 9. — Neumann, Jos. Beschreibung der behanntesten Kupfermünzen. Prag 1858-72, n° 3577 var. — C. Monn., n° 328) Cuivre. *TB*. 10 »

RENÉE DE BOURBON, régente.

269 RENATA·D·G·LOTOR·Z·B DVCISA. Ecusson en losange, de Lorraine et Bourbon.

℞. ✠ DA·PACEM·DNE·IN·DIEBVS·NRIS. Faisceau d'oliviers. (Dom Calmet, pl. 2, fig. XXXV. — C. Monn. n° 334 var.) Cuivre. *B*. 8 »

CHRISTINE DE DANEMARK et NICOLAS DE VAUDEMONT régents.

270 CRIEN·D·DANEM.Z.NICOL·D·LOR·TVETVR. Bustes en regard.

℞. ✝GEGTƷ·DES·COMPTES·D·LORRANNE·1553. Ecu parti de Lorraine-Danemark couronné. (C. Monn. 346.) C. ébréché. *AB*. 12 »

CHRISTINE DE DANEMARK, régente.

271 ❀ CHRISTIANA·A·DANIA·REGENS. Ecu parti de Lorraine-Danemark couronné.

℞. ❀ NEC TVRBINE·MOTA·NEC·VNDIS. 1560. Rocher dans la mer frappé par les vents. Cuivre. *B*. 10 »

CHRISTINE DE DANEMARK, régente, et CLAUDE DE FRANCE, épouse de Charles III, duc de Lorraine.

272 Avers précédent, d'un coin différent.

℞. ❀ CLAVDIA·LOT·ET·BAR.DVCISSA. Ecu parti de Lorraine-France couronné et accosté de deux C entrelacés et couronnés. Cuivre. *B*. 8 »

CHARLES III (1545-1608).

273 CAROL·D·G·CAL·LOTH·B·GEL·DVX. Le duc en buste, à droite, tête nue, cuirassé, les épaules couvertes d'un manteau.

℞. ǂ FECIT POTENCIAM IN BRACHIO SVO entre deux grènetis. Bras armé sortant d'une nue. Dans le champ, trois alérions à gauche et le chiffre ducal à droite de l'épée. (Neum. nº 3596. — C. Monn. nº 464.) C.
B. 4 »

274 Avers précédent.
℞. Sans légende. Ecu simple de Lorraine adossé à un manteau avec heaume couronné, timbré de l'alérion et entouré de sept écus couronnés; dans les intervalles, des croisettes. (Neum. 37003. — C. Monn. nº 465.) C.
B. 3 »

275 ·CAROLVS DEI GRATIA +. Le duc en buste, à droite, tête nue, cuirassé, les épaules couvertes d'un manteau.
℞. LOTHAR DVX. Bras armé sortant d'une nue. Dans le champ, trois alérions à gauche de l'épée. (C. Rob. 1498.) C. 23 mm. *B.* 3 »

276 Sans légende. Ecu de Lorraine couronné, accosté de deux croix de Lorraine couronnées et entouré de sept écussons couronnés; dans les intervalles, des croisettes.
℞. du nº 273, sans les alérions et le chiffre. C. 23 mm.
TB. 3 »

277 Sans légende. Ecu de Lorraine adossé à un manteau avec heaume couronné, timbré de l'alérion et orné de deux palmes. De chaque côté, le chiffre ducal couronné.
℞. précédent. C. 23 mm. *B.* 3 »

278 Sans légende. Bande aux trois alérions dans une couronne surmontée d'une couronne accostée du chiffre ducal. Dans le champ, sept drapeaux aux quartiers du duc.
℞. SIC FERT SEEX ANGVLO ADOMNIA VIRTVS. Phare éclairant un port. A l'exergue : PROVIDENTIA· (C. Monn. 491.) C. *B.* 3 »

279 Sans légende. Ecu de Lorraine heaumé, couronné et surmonté d'un alérion; dans le champ, sept écus couronnés et, dans les intervalles, des fleurons.
℞. + IPSA SIBI PRETIVM VIRT. Une figure allégorique, tenant une palme et une couronne, plane au dessus d'une ville; rien à l'exergue. (C. Monn. nº 473.) C. *B.* 2 »

280 Même avers que précédemment, mais, dans les intervalles, des croix de Lorraine au lieu de fleurons.

℞. + IPSA SIBI PRETIVM VIRTVS +. Une figure allégorique, tenant une palme et une couronne, plane au dessus d'une ville; à l'exergue : ÆRAR·REST. C. *B.* 2 »

280 *bis*. Avers du nº 279.
Revers du nº 280. C. *B.* 2 »

281 Même avers qu'au nº 279; dans les intervalles, des groupes de trois fleurons.

℞. ·IMMOTA·RESISTIT· sur une bandelette encadrant par le bas un rocher dans la mer, frappé par les vents. C. *B.* 2 50

282 CAROLVS·D·G·CAL·LOTH·BAR·GEL·DVX. Ecusson plein de Lorraine sur un cartouche, surmonté d'une couronne. (C. Monn. 490.) C. *B.* 3 »

283 GECTZ:DV:BVREAV:DE:LORR̄ (Fleur). Ecu plein de Lorraine couronné, surmonté du chiffre ducal.

℞. ☆ FLAMMAM : COR : TERMINAT : ASTRIS. Cœur enflammé surmonté de quatre étoiles. (C. Monn. nº 495. — C. Rob, nº 1510.) C. *TB.* 6 »

284 E TADHVC SPES DVRAT AVORVM·1570. Ecu couronné de Lorraine plein, accosté, à droite et à gauche, du chiffre couronné du duc. Dans le haut, un bras armé sortant d'une nue.

℞. SIC·VOLV ERE·DII. Trois alérions percés par une flèche; de chaque côté, une croix de Lorraine et le chiffre couronné du duc Charles. (Neum. 3580. — C. Monn. 460.) 3 var. C. *TB.* à 2 »

285 Autre semblable de 1572. 2 var. C. *B.* à 2 »

286 Variété de 1579. C. *B.* 3 »

287 +GECT+DV+ +BVREAV+. Ecu plein de Lorraine, adossé au manteau ducal et surmonté d'un heaume couronné, cimé d'un alérion et accosté du chiffre ducal couronné.

℞. ✠ GENTIBVS·E·COELO·MISSA·COLVMNA·SVIS+ Colonne tenue par deux mains, entre deux croix de Lorraine couronnées et deux cornes d'abondance. Dans le bas, la date 1583 entre deux fleurons. (Neum. 3584. — C. Monn. 500.) C. *B.* 1 50

288 Variété du jeton précédent, de 1587. (Dugn. 3166.) C. *B.* 1 »

289 Jeton de 1587, pareil au n° 280, mais rien dans les intervalles du revers. La date est placée dans le bas entre deux points et partagée par l'écusson aux armes de Gueldres et de Juliers. C. *B.* 1 50

290 Avers pareil à celui du n° 275.

℞. ·LOTHAR·· ··DVX·1588. Ecu simple de Lorraine adossé à un manteau avec heaume couronné, timbré de l'alérion et accosté de deux croix de Lorraine couronnées. Dessous, G. (Gennetaire). (Dom Calmet, pl. 3, n° LXII. — De Saulcy, pl. XXIII, fig. 12. — C. Monn. n° 382.) Arg. 23 mm. *TB.* 70 »

291 Avers semblable au précédent, mais avec ·CAROLVS·DEI·GRATIA.

℞. Sept écussons couronnés radiants autour de la bande aux trois alérions. La date 1588 est placée dans le haut et coupée par l'écusson de Hongrie. Cinq intervalles sont garnis de croix de Lorraine. (C. Monn. 471.) C. 23 mm. *TB.* 3 »

292 ·IPSA SIBI PRETIVM VIRTVS. Une figure allégorique, tenant une palme et une couronne, plane au dessus d'une ville.

℞. + LOTHAR· DVX·88. Bras armé sortant d'une nue. Dans le champ, trois alérions posés en bande à gauche et une croix de Lorraine couronnée, à droite de l'épée. (C. Monn. n° 476.) C. 23 mm. *B.* 3 50

293 Jeton pareil au n° 274, portant, au revers, dans le haut le chiffre ducal et dans le bas la date 1589 entre deux globules. C. *AB.* 1 »

294 Avers pareil à celui du n° 280.

℞. du n° 274. (C. Monn. 475.) C. *B.* 3 »

295 PAX ET FOEL TEMP ❀. Deux mains supportent deux cornes d'abondance et un caducée. A l'exergue : MDLXX XIX en deux lignes.

℞. Les trois déesses, Pallas, Junon et Vénus, nues, deb. (Dom Calmet LXI. — C. Monn. 493.) C. *B.* 3 »

Ce jeton me paraît être de fabrication nurembergeoise.

296 Avers semblable au revers du n° 273, mais rien n'accompagne le bras armé.

℞. du n° 293. (C. Monn. 472.) C. *B.* 2 »

297 Avers du n° 282.

℞. BENE FVNDATA EST SVPRA FIRM· PETRAM. Colonne accostée d'un arbuste et de fleurs, surmontée de l'écu de Bassompierre et portant sur sa base la date 1594; de chaque côté du sommet de la colonne deux bras sortant des nuages, l'un tenant un crucifix, l'autre une balance. (Dom Calmet, pl. 4, fig. 64.— C. Monn. n° 486.) C. *B.* 2 »

298 Jeton pareil au précédent, avec CAROL·D:G:GAL· ·LO·B· GEL·DVX· et à l'exergue, sous l'écu : GECT DV BVR EAV, en deux lignes. C. *TB.* 2 50

299 ✠ · LVX FVGAT VT TENB · SIC ORDINE CVNCTA RESVRGVNT. Soleil dissipant les nuages et éclairant un paysage et une corne d'abondance. Dans le bas, l'écu de Cl. Ant. de Bassompierre et la date 1594, entre deux points.

℞. GECT DES COMPTES DE LORRAINE ET DE BAR. Chiffre du duc, accosté de deux croix de Lorraine et surmonté d'un écu couronné, chargé de trois alérions et entouré de sept cercles aux quartiers de la maison de Lorraine. (Neumann, n° 3589. — C. Monn. n° 509.) 2 var. C. *TB.* à 1 »

300 Variété du précédent dans le dessin, avec ✠. LVX FVGAT VT TENEB·SIC ORDINE CVNCTA RESVRG·. C. *B.* 1 50

301 Avers du n° 298.

℞. précédent. (C. Monn. 504.) C. *TB.* 2 »

302 Avers du n° 300.

℞. Bande aux alérions dans un cercle couronné et entouré de sept cercles aux quartiers du duc séparés par des fleurons. (C. Monn. 485.) C. jaune. *TB.* 2 50

302 *bis*. Avers du n° 278.
℞. ·VNITA·TRIVMPHANT·. Arc, carquois et trois couronnes; dans le bas, 1596. (C. Monn. 510.) C. *B*. 3 »

303 ÆQVITAS SCVTVM INEXPVGNABILE. Pallas debout, à droite; à ses pieds, un guerrier renversé sur un faisceau d'armes. A l'exergue, la date 1598, entre deux croisettes.
℞. pareil à l'avers du n° 278. (Calmet, pl. 4, n° LXV. — C. Monn. n° 481.) C. *TB*. 3

CLAUDE DE FRANCE

seconde fille d'Henri II et épouse de Charles III, duc de Lorraine (1560-1575).

304 ✠ CLAVDIA◦D◦G◦CAL◦LOT◦BAR◦GELD◦DVC. Ecu parti de Lorraine et de France, sous une couronne.
℞. du n° 285. (C. Monn. 453.) C. *B*. 3 50

305 Avers précédent.
℞. ✠ PAR◦AMOR◦AEQVA◦FIDES◦1560. Chiffre couronné de la duchesse accosté d'un alérion et d'une fleur de lis. (C. Monn. 448. — Dugn. 2270 *bis*.) C. *B*. 3 »

306 ✠ CLAVDIA◦D◦G◦CAL◦LO◦BAR◦ET◦GVEL◦DVCI. Ecu parti de Lorraine plein et de France; au dessus, une couronne.
℞. FIDEI VICTRICI, écrit (en deux lignes) sur un autel, au dessus duquel une Bonne-Foi soutenant la croix de Lorraine couronnée et ornée de branches de laurier. Dans le bas, à côté de l'autel, la date 15-63. (Neum. n° 3579, — C. Monn. n° 455.) C. *B*. 4 »

307 Ecus accolés du duc Charles III et de Claude de France, sous une couronne. A l'exergue, en deux lignes : HOMO◦NON SEPARET.
℞. précédent. (Dom Calmet, fig. 1, var. — C. Monn, n° 458.) C. *B*. 3 »

308 Autre pareil, avec ·HOMO·NON· ·SEPARET· C. *B*. 3 »

309 ❀ V T◦ PALMA◦SVRGIMVS◦DI◦47. Chiffre couronné, composé de deux C et d'un F et entouré de deux branches.
℞. précédent. (C. Monn. 456.) C. *B*. 3 50

HENRI II (1608-1624)

a) Marquis de Pont-à-Mousson et duc de Bar (—1608).

310 ✠ HENRICVS·A·LOTH·MARCHIO·PONTIMVSS. Ecu plein de Lorraine, couronné et accosté de deux épées couronnées et posées en pal supportant chacune la lettre H.

℞. CRESCENTI·CRESCVNT·CŒIESTIA· DONA. Personnage debout sur un croissant, tenant une lance et un bouclier à la croix de Lorraine couronnée; Mars et Pallas, sortant des nuages, lui posent une couronne sur la tête. (Dom Calmet, fig. LVIII var. — C. Monn. 549.) C.

B. 2 »

311 Autre avec ✠ HENRICVS·A·LOTH·MARCHIO·PONTIMVSSAN· et ✠ CRESCENTI·CRESCVNT·CŒLESTIA DONA. Au dessus de la couronne, la date 1582, entre deux points. C. *B*. 1 50

312 Autre pareil au précédent, avec PONTIMVSSAN ou PONTIMVSSA^{N} et CŒISTIA et la date 1583. C. 2 var.

B. à 1 50

313 Autre avec ✠ ·HENRICVS·A·LOTH·MARCHIO·PONTIMVSS et la date 1584.

℞. du nº 310. C. *AB*. 1 »

314 Même pièce que précédemment, mais avec CRESCENTI. CRESCVNT·CŒLEST·D ONA. C. *B*. 1 50

315 HENRIC·PRINC·A·LOTH·DVX·BARI. Ecus accolés de Henri de Lorraine et de Marguerite de Gonzague, placés sous une couronne.

℞. VNIT DVO MARGARIS VNA. Deux cœurs réunis par une cordelière et une perle, et surmontés d'une couronne. (Dom Calmet, fig. 73.) Arg. *TB*. 20 »

316 Le même, en cuivre. (C. Monn. 553. — Dugn. 3605.)

B. 5 »

317 Le même, portant sous les écus, la date 1606. C. r. et. j.

B. à 3 »

Ces trois derniers numéros se rapportent au deuxième mariage d'Henri avec Marguerite de Gonzague, fille de Vincent I, duc de Mantoue, en 1606.

b) Duc de Lorraine (1608-1624).

318 HENR·D:G·DVX·LOT·MARC·D:CA·B:G. Ecu plein de Lorraine, timbré d'une couronne entre les fleurons de laquelle on voit des points.

℞. ❀ QVÆSITA·ARTIBVS·VTRAQV·NOSTRIS. Main de justice et épée posées en sautoir, traversant deux couronnes enlacées. C. j. *B.* 7 »

Ce jeton et les deux suivants sortent probablement des mains du graveur N. Briot

319 Autre avec HENR·D:G·DVX·LOTH·MARCH·D:CA·B:G et le millésime 1612 au dessus de la couronne.

℞. ❀ QVÆSITA·ARTIBVS·VTRAQVE·NOSTRIS· Epée et main de justice posées en sautoir, traversant deux couronnes enlacées. (C. Rob. 1531.) C. j. *TB.* 9 »

320 Pareil au précédent, avec la légende de l'avers du nº 318. C. j. *AB.* 4 »

321 IET·DE·LA·CHAMBRE·DES·AYDES. Ecu plein de Lorraine sous une couronne surmontée de fleurons.

℞. OPS·SINGVLORVM SALVS·OMNIVM. Vaisseau; à l'exergue, la date 1612. (C. Monn. 557.) C. j. *B.* 5 »

322 Le même d'un coin différent. C. r. usé *B.* 1 »

323 IET·DES·CHAMBR·DES·COMT·DE·LORR·ET·BA. Ecu plein de Lorraine, timbré d'une couronne, entre les fleurons de laquelle les chiffres de la date 1614.

℞. ❀ DIRIGIT❀ATQVE❀TVETVR❀. Phare et vaisseau. Dans le bas, les armes de Charles-Emmanuel, comte de Tornielles, surintendant du duc. (C. Monn. nº 564. — C. Rob, nº 1535.) C. argenté. *B.* 8 »

324 GECT·DE·LA·CHAMBRE·DES·AYDES. Ecu plein de Lorraine, timbré d'une couronne, entre les fleurons de laquelle les chiffres de la date 1616.

℞· ✝ PVBLICA·COM MVNI·EXALTANT· OPE. Trois hommes supportant un faisceau formé d'un sceptre, d'une main de justice et d'une couronne. (Dom Calmet, fig. 75. — C. Monn. nº 560.) C. j. *B.* 3 »

CHARLES IV (1626-1634)

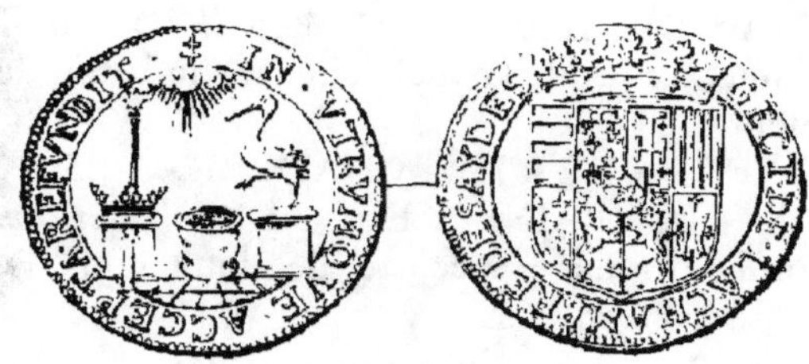

325 GECT·DE·LA·CHAMBRE·DES·AYDES. Ecu plein de Lorraine, timbré d'une couronne, entre les fleurons de laquelle sont placés les chiffres de la date 1630.

℞. ✝ IN·VTRVMQVE·ACCEPTA·REFVNDIT. Deux piédestaux entre lesquels un sac rempli d'argent. Sur le piédestal de droite, une cigogne marchant, à g., sur celui de gauche, les attributs ducaux. Dans le haut, des rayons de soleil perçant des nuages. Arg. *FDC.* 80 »

326 Le même. (C. Monn. 674). C. j. usé. *B.* 1 »

OCCUPATION FRANÇAISE

327 CAROL·IIII·D·G· DVX·LOT·M·D·C. Buste drapé et cuirassé du duc, tourné à droite. Sous le bras du duc, les initiales : C. C. (Claude Crocx, graveur à Nancy).

℞. FAMA·SVA·CIRCVIT·ORBEM, en légende, et NANCY, à l'exergue. La Renommée, embouchant une trompette aux trois alérions, plane sur la ville de Nancy. (Quintard, 16. — Catal. Monnier, n° 669.) C. r. *FDC.* 6 »

Voir la médaille sous le n° 224.

328 Le même en C. j. *B.* 3 »

329 ·LVD·XIIII·D·G· FR·ET·NAV·REX. Buste drapé et lauré de Louis, à droite.

℞. NEC·POTIOR NEC·PAR. Soleil au dessus d'une campagne. A l'exergue, en trois lignes : DE·LINT·D·LORR· BARR· ET·EVESCHEZ· 1660·. (C. Monn. 624. Refrappe variée en C.) Arg. *B.* 25 »

330 Le même jeton variant dans le dessin du buste. C. j. refrappe. *FDC.* 1 «

331 CAROLVS·D·G·DVX·LOTH·MARCH·D·C·B·G. Le duc, tête nue, à cheval, à gauche, tenant le bâton de commandement.

℞. ☨ IECT * DE * LA * CHAMBRE * DES * COMPTES * DE * LORRAINE :. Ecu aux trois alérions surmonté d'une couronne et accosté de deux croix de Lorraine. (C. Monn. 677.) C. r. *B.* 2 50

332 Avers pareil au revers du jeton précédent.

℞. CVSTODIVNT·NON·CARPVNT. Jardin avec balustres et cariatides; à l'exergue, la date * 1662 * . (C. Monn. nº 676.) C. j. *TB.* 3 »

333 CARO·IIII·D·G·LOTH·M·C·B·G·DVX. Buste nu et cuirassé du duc à droite.

℞. précédent. (C. Monn. 670.) C. r. *B.* 2 50

CHARLES V (1675-1690)

334 C·V·D·G·L·B·D·REX·I· VICTOR·BARBA·NA. Buste du duc lauré et drapé, à droite. Dessous, S.V. (Ferd. de Saint-Urbain, graveur à Nancy).

℞. ET·VALIDE· ET·SVBITO. Aigle lançant ses foudres sur des monuments, d'où tombent les croissants qui les surmontaient. A l'exergue, en deux lignes : PANN ·VINDI CATA. (C. Monn. nº 710.) C. r. et j. *TB.* à 1 50

Voir nº 242.

FRANÇOIS III (1729-1737)

335 Entrée de François à Nancy, 1714. * FRANC· STEP·PR·A LOT·LEOP·I·ET·ELIS·C·AVREL·F·II. Buste enfantin, à gauche, au dessous, S.V.

℞. SPES·ALTERA·GENTIS. Deux jeunes arbres enlaçant leurs rameaux. A l'exergue : NANC·PRIM·INGR· ·VRB OBT· ·1714, en trois lignes. (C. Monn. nº 797.) C. *TB.* 1 50

335 *bis*. Son mariage avec Marie-Thérèse, 1736. Bordure cannelée et tranche cordonnée. Pièce pareille au nº 260, mais frappée en forme de jeton. Arg. *FDC.* 6 »

STANISLAS (1738-1766)

336 IETTON DU CABINET DU ROY DE POLOGNE. Ecusson couronné aux armes de Pologne, soutenu par deux aigles; dessous, 1748.

℞. Château de Chantcheux, près Lunéville. A l'exergue : CHANTHEVX — NICOLE A NANCY. (*Journal de la Soc. d'arch. lorraine*, 33e année, 1884, p. 153.) Rare. C. j. *TB.* 25 »

FAMILLE DUCALE DE LORRAINE

HAUTE-LORRAINE

FRÉDÉRIC (1057-1058)

Fils de Gothelo I, pape sous le nom d'Etienne X.

337 Médaille de la fin du XVIIe siècle, gravée par P.-H. Muller, graveur à Nuremberg. Buste et légende dans le champ. Etain. 38 mm. *TB.* 2 »

BRUNON D'EGISHEIM (1048-1055)

Evêque de Toul, puis pape sous le nom de Léon IX.

338 Méd. de la fin du XVIIe siècle, gr. par P.-H. Muller, graveur à Nuremberg. Buste et légende. Etain. 38 mm. *TB.* 2 »

ANNE

Fille d'Antoine, duc de Lorraine et épouse de René de Châlon, prince d'Orange, et de Philippe de Croÿ, duc d'Arschot.

339 Jeton fr. à Anvers. * ANNE·DE·LORRAINE·DARSCHOT·P·DORENGES. Ecu losangé et couronné, parti de Croÿ-Renty et de Lorraine.

℞. (Main) DA ❀ PACE ❀ DNE ✕ IN ✕ DIEB' ✕ NRIS : ❀ : Croix de Jérusalem, cantonnée de croisettes. (Van Loon I, 216, no 1 var. —Dugn. 2683.) C. *B.* 15 »

340 Jeton fr. à Anvers. ✕ : ANNA : ✕ : PRINCEPS : ✕ : AV-RAICE : · : Monogramme.

℞. (Main) DA+PACE ❀ DNE×IN×DIEB'×NRIS+. Croix de Jérusalem, cantonnée de croisettes. (Van Loon I, 216, n° 2. — Dugn. 2686.) C. *B.* 6 »

RENÉE DE LORRAINE

Fille de François I et femme de Guillaume V, duc de Bavière.

341 Médaille de 1585. Fondation de l'église des jésuites à Munich. BENE·FAC·DOMINE etc. Bustes affrontés des époux. A l'exergue : COR·VNVM·ET·ANIMA·VNA 1585. Cette inscription est coupée par un écu échancré, parti de Bavière et de Lorraine.

℞. Légende, en 13 lignes, dans le champ. (Köhler, Münz, Belustigung, t. X, p. 185. — Heräus, tab XXXIX, fig. 14. — Eyb. Die Münzen u. Medaillen d. Stadt München, n° 1. — C. Rob. n° 1638.) Br. coulé. 75 mm. *TB.* 8 »

342 Variété de la pièce précédente. Le duc de Bavière, sans l'ordre de la Toison d'or, tient de la main droite le bâton de commandement. (Heräus, tab. XXXIX, fig. 15.) Br. coulé. 75 mm. *B.* 6 »

CHRISTINE

Fille de Charles III, épouse de Ferdinand, grand-duc de Toscane.

343 Méd. de Michele Mazzafirri. CHRISTIANA·PRINC·LOTHAR·MAG·DVX·HETR. Buste de Christine, à droite; au dessous ✳ 1592·.

℞. FERDINANDVS·M·MAGN·DVX·ETRVRIÆ·III ✳. Buste du grand duc, cuirassé, à droite; au dessous : MICHELE MAZAF·1588. (Arm. I, 285 n° 11.) Br. doré. 42 mm. *B.* 50 »

344 Méd., s. d. CHRISTINA·PR·LOTHARINGIE·MAG·DVX·ETR. Buste de la princesse, à gauche.

℞. FRVCTVS·LVMENQ:PVDORIS. Epi sortant des nues au dessus de la mer. (C. Monn. 1381 var.) Br. coulé. 85 mm. *AB.* 5 »

345 Méd. uniface CHRISTIANA·PRINC·LOTH·MAG·DVX·HETRVR. Buste de la princesse en costume de veuve, à droite. (C. Monn. 1379.) Br. 90 mm. *TB.* 45 »

CHARLES-JOSEPH DE LORRAINE
Evêque d'Olmütz (1685-1701).

346 Cinq ducats. Coin de l'écu. DEI GRATIA CAROLVS EPISCOPVS OLOMVCENCIS +. Buste de l'évêque, à droite.
℞. DVX LOTHAR:ET BAR: S:R:I:PC PS:RE: CA:BO: CO:1704. Ecu ovale posé sur une croix de Malte, surmonté d'une couronne et soutenu par deux aigles. (Mayer, 342 var. Ecu d'argent.) Or. *B.* 160 »

347 Cinq ducats. Coin du florin. DEI GRATIA CAROLVS EPISCOPVS OLOMVCENCIS. Buste, à droite.
℞. DVX LOTHAR·ET BAR·S:R:I:PC PS·RE·CA·BO·COM. Ecu ovale couronné posé sur une croix de Malte et soutenu par deux aigles. (Mayer, 316.) Or. *FDC.* 130 »

348 Trois ducats. Coin du demi-écu. Légende et buste du n° 346.
℞. DVX LOTHAR·ET BAR·S:R:I: P S·RE·CA·B:CO: 1707. Ecu précédent. *FDC.* 70 »

349 Double ducat. D : G : CAROLVSEPISCOPVSOLOMV-CENS: Buste, à droite.
℞. DVXLOTHAR·ET BAR S : R·I : PS·RE·CA·BO : CO : Ecu ovale couronné posé sur une croix de Malte. (Mayer, n° 318.) Or. *B.* 50 »

350 Quart de ducat. D·G·C·E·O·D·L·E·B·S·R· ·I·PR·C·B·C· Buste du prélat, à droite; au dessous : $\frac{1}{4}$.
℞. Sans légende. Ecu ovale d'Olmütz sur lequel broche l'écu aux troix alérions, posé sur une croix de Malte, une crosse et une épée et soutenu par deux palmes. Au dessus, une couronne coupant le millésime 1704. (Mayer, n° 345). Or. *TB.* 20 »

351 Huitième de ducat. D:G:CARO·EPS· OLOMV:. Buste, à droite; au dessous : $\frac{1}{8}$ dans un petit ovale.
℞. Sans légende. Ecu ovale d'Olmütz, sans l'écu de Lorraine, surmonté d'une couronne, posé sur une croix de Malte, une crosse et une épée. Inédit. Or. *TB.* 30 »

352 Ecu. D·G·CAROLVS: · ·EPVS:OLOMVCEN. Buste, à dr.
℞. DVX·LOTHAR & BAR· S·R·I·PCP·S·R·C·B·COM. Ecu ovale, posé sur une croix de Malte, sur des palmes, sur une crosse et une épée et surmonté d'une couronne portant le millésime 1701. (Mayer, n° 321.) *FDC.* 15 »

353 Ecu. D G CAROLvs· EPVS OLOMVCE: Buste, à droite.
℞. DVX· LOTHAR· ET· BAR· S: R· I· PS· R· C· BO: COM· 1702. Ecu ovale posé sur une croix de Malte, une crosse et une épée, soutenu par deux aigles et surmonté d'une couronne. (Mayer, n° 331.) *TB.* 15 »

354 Ecu. D: G: CAROLVS·EPISCOPVS·OLOMVCENSIS: ❀ : Buste de l'évêque, à droite.
℞. DVX·LOTHAR·ET·BAR:S:R:I:PS:R·CA:BO:COMES· 1703. Ecu ovale posé sur une croix de Malte, surmonté d'une couronne et soutenu par deux aigles. (Mayer, n° 336.) *TB.* 10 »

355 Ecu de 1704, pareil au n° 346. (Mayer, n° 342 var.) *FDC.* 10 »

356 Ecu. DEI GRATIA CAROLUS EPISCOPUS OLOMUCENSIS (arabesque). Buste de l'évêque, à droite.
℞. DUX·LOTHAR: ETBAR: S:R:I: PCPS: RE: CA:BO: CO: Ecu ovale posé sur une croix de Malte, surmonté d'une couronne et soutenu par deux aigles. La couronne partage le millésime 1705. (Mayer, n° 352.) *FDC.* 10 »

357 Petit écu. DEI GRATIA CAROLUS EPISCOPUS OLOMUCENSIS: Buste, à droite.
℞. DUX LOTHAR·ET BAR·S:R:I:PS·RE·CA·BO·COM. 1706. Ecu ovale, posé sur une croix de Malte, soutenu par deux aigles et surmonté d'une couronne. Variété inédite. *FDC.* 10 »

358 Ecu pareil au précédent, mais sans les deux points à la fin de la légende de l'avers et DUX LOTHAR·ET BAR.S: R:I:PS·RE·CA·BO·CO:1706. (Mayer 358.) *FDC.* 9 »

359 Ecu. DEI GRATIA CAROLUS EPISCOPUS OLOMUCENSIS. Buste de l'évêque, à droite.
℞. DUX·LOTHAR·ET BAR· S.R: I: PS·RE·CA·BO·CO· 1707. Ecu ovale posé sur une croix de Malte, surmonté

d'une couronne et soutenu par deux aigles. (Mayer, n° 365 var.) *FDC.* 10 »

360 Ecu. D : G : CAROLUS EPISCOPUS OLOMUCENSIS. Buste, à droite.

℞. DUX LOTHAR·ET BAR·S:R:I:PS·R:C:B:COM·1709. Ecu ovale posé sur une croix de Malte, surmonté d'une couronne et soutenu par deux aigles et deux palmes. (Mayer, n° 375.) *FDC.* 10 »

361 Ecu. DEIGRATIACAROLVS·EPISCOPVSOLOMVCENSIS ❀. Buste, à droite, ne touchant pas le cercle intérieur. Défaut de frappe au nez.

℞. DVXLOTHAR·ETBAR·S:R:I:PCPS·RE·CA·BO·COM·17 11. Ecu rond posé sur une croix de Malte, une crosse et une épée, surmonté d'une couronne et soutenu par deux aigles et deux palmes. (Mayer, n° 383.) Très rare. *FDC.* 32 »

362 Demi-écu D:G:CAROL· EPVS·OLOMVCE:. Buste, à droite.

℞. DVX·LOTHAR·ET·BA·S·R·I·PS·R·C·B·COM··17 02. Ecu pareil au n° 353. La couronne coupe la date. (Mayer, n° 332.) *TB.* 10 »

363 Demi-écu. D:G:CAROLVS:EPISCOPVS:OLOMVCENSIS:*:. Buste, à droite.

℞. DVX·LO·ET·BA:S:R:I:PS:RE:CA:BO:CO:1703. Ecu rond d'Olmutz, couronné, sur lequel broche l'écu aux trois alérions, posé sur une croix de Malte, une crosse et une épée, et soutenu par deux aigles. (Mayer, n° 338 var.) *TB.* 8 »

364 Demi-écu. D:G:CAROLVS EPISCOPVS OLOMVCENS*. Buste, à droite.

℞. DVXLOTHAR·ETBAR·S:R:I:P̅·S̅·RE·CA·B:CO:1704. Ecu couronné d'Olmutz, sur lequel broche l'écu aux trois alérions, posé sur une croix de Malte, une crosse et une épée, et soutenu par deux aigles. Au dessus, une couronne. (Mayer, n° 346.) *FDC.* 8 »

365 Demi-écu. DEI GRATIA CAROLVS EPISCOPVS OLOMVCENSIS. Buste, à dr.

℞. DVX LOTHAR·ET BARRI S:R:I:PCPS·R:C:B:CO: 1705. Ecu pareil à celui du n° 356; le petit écu aux trois alérions a la forme d'un cœur. (Mayer, n° 353.) *TB.* 8 »

366 Demi-écu, 1707, pareil au n° 348. (Mayer, 367.) *FDC.* 10 »

367 Quinze kreuzer. D:G:CAROLVS EPVS· OLOMVCENSIS. Buste, à droite, au dessous, XV, dans un cartouche.
℞. DVX LOTHAR·ET BAR·S:R:I:PS·R:C:B.Co:17 09. Ecu ovale aux armes d'Olmutz, sur lequel broche un petit écu aux trois alérions, posé sur un cartouche, une croix de Malte, une crosse et une épée, supporté par des palmes et surmonté d'une couronne qui coupe la date. (Mayer, 371, 1708.) *B.* 2 »

368 Variété avec D:G:CAROLVS EPVS❀ OLOMVCENSIS❀ et PS·R:C:B:C:17 09. *B.* 3 »

369 Six kreuzer 1708 (372, 373 et 374), de 1709 (376 et 378), de 1710 (380 et 381 var.), de 1711 (389 et 604 var.). *B.* à 1 50

370 Trois kreuzer de 1699 (320), 1706 (360, 361 var., 362, 363 et 600). *B.* à » 75

371 Kreuzer de 1701 (323, 325 var., 330 var., 591, 594, 595 et 596), 1702 (333 var. et 335), 1704 (350, 597 et inédit), 1705 (354, 355 et 357) et de 1707 (369, 601 et 602 var.). *B.* à » 30

b) Évêque d'Osnabruck (1698-1715.)

372 Ecu. CAROLVS·D:G:EPIS: OSNAB:ET·OLM ✱. Buste, à droite.

℞. DUX·LOTHAR ET BAR S:R:I:PRIN:1701 *. Ecu d'Osnabruck et d'Olmutz, sur lequel broche l'écu plein de Lorraine, posé sur une croix de Malte, et sur une crosse et une épée posées en sautoir, et surmonté d'une couronne. Au dessous, H. O. (Henri-Laurent Odenthal, maître de la monnaie à Osnabruck. (Mayer, n° 322. — C. Knyph, n° 9281.) *FDC.* 80 »

373 Florin. CAROLUS·D:G EP OS NAB & OLM. Ecu couronné d'Osnabruck et d'Olmutz, sur lequel broche l'écu plein de Lorraine, posé sur une croix de Malte, une crosse et une épée.

℞. + DUX·LOTHAR·ET·BARR·S·R·I·PRIN·1703. Dans le champ, en cinq lignes : + XXIIII + MARIEN GROSCH·H·L·O· +++. (Mayer, n° 340. — Knyph, n° 4802.) *TB.* 28 »

374 12ᵉ d'écu 1702 et 1704, 14ᵉ d'écu 1702, 1703, et 21ᵉ d'écu 1702. *B.* à 1 50

375 2 Mariengroschen 1704, et 1 Mariengroschen 1703 et 1704. *B.* à 1 50

376 6 Pfenning 1702, 5 Pfen. 1703, 4 Pfen. 1702, 3 Pfen. 1702 et 1703. *B.* à 1 »

c) Archevêque de Trèves (1711-1715).

377 Méd. 1711. Couronnement de l'empereur Charles VI. Sept médaillons aux bustes des électeurs, parmi lesquels celui de Charles de Lorraine, entourant le médaillon au buste de l'empereur.

℞. Aigle impérial. (C. Well., 7513.) 44 gr. *TB.* 20 »

378 Deux tiers d'écu 1714, fr. par Gérard Gödt, graveur à Coblence. Son buste, à droite.

℞. Ecus de Trèves, d'Osnabruck et de Lorraine. (Bohl, 1.) *B.* 50 »

379 14ᵉ d'écu et 2 Mariengroschen (2 var.) de 1714, fr. par G. Gödt à Coblence pour l'évêché d'Osnabruck. (Bohl, 9.) *B.* 1 50

380 Trois albus ou Petermenger 1711, 1712 (3 var.), 1713 (5 var.), 1714 et 1715. (Bohl, 2, 4, 5, 6, 7.) *B.* à » 50

381 Ecu obituaire 1715. DOMINVS PROVIDEBIT, dans le bas. Ecu plein de Lorraine sur celui d'Osnabruck et de Trèves, posé sur une croix de Malte, une crosse et une épée, surmonté d'une couronne et supporté par deux aigles et deux palmes. Le tout sur un manteau d'hermine. En haut, le millésime 17, 15, coupé par la couronne.

℞. CAROLUS EX DUC:LOTH: & BARR NAT' VIENNÆ 24.N:1680. etc. (Bohl, n° 15.) *FDC.* 35 »

382 Quart d'écu. CARL·D·G·ARCHIEP·TREV·S·R·I·PPS·ET·ELECT·EP·OSNABRV:ADMIN·PRVMI· (en légende extérieure) DVX·LOTHAR·ET BAR·MAG·CAST·ET LEG·ORD·MELIT·PRIOR. Ecu plein de Lorraine brochant sur les armes d'Osnabruck, Trèves et Prum.

℞. ·NATVS+ VIEÑÆ·AVST·24 N·1680· etc., en dix lignes, dans le champ. Au dessous, arabesque. (Bohl, n° 13.) *FDC.* 18 »

383 Huitième d'écu obituaire. Légendes et types du numéro précédent. Au dessous de la légende du revers, une rosace. (Bohl., n° 14.) *TB.* 10 »

LÉOPOLD-CLÉMENT, fils de Léopold I.

384 Jeton. Son entrée à Nancy, 1714. LEOP·P R·LEOP·I·ET·ELIS·CAR·AVREL·F. Buste enfantin, à droite; au dessous, S·V.

℞. SI·FORTE ASSEQVAR. Trois aigles s'élançant vers le soleil. A l'exergue, NANC·PRIM·INGR VRB·OBT. 1714, en trois lignes. (Neum., n° 31001.) Br. *FDC.* 2 »

FRANÇOIS III,

Grand duc de Toscane (1737-1745), empereur d'Allemagne sous le nom de François I (1745-1765).

385 Demi-écu de 1738, fr. à Pise. Buste et armoiries. (Madai, 4469. — Monnaies en argent, p. 308. — C. Monn., 827.) *TB.* 10 »

386 Demi-écu de 1746, fr. à Pise. Buste et armoiries. (Monn. en arg., 464, 1. — C. Monn., 835.) *TB.* 5 »

387 Sixième d'écu 1738, fr. à Pise. Buste voilé et radié de la Vierge, et armoiries. *B.* 2 »

388 Tre Quattrini, 1741. Armoiries et croix de Jérusalem. (C. Monn., 838.) Bill. *B.* 1 »

389 Médaille de L.-M. Weber, graveur à Florence. Son entrée à Florence, 1739. FRANCISCVS·III·D·G·LOTH·BAR·ET·M·ETR·D·REX·HIER. Buste lauré, cuirassé et drapé, à droite.

℞. SPES·PVBLICA. Le grand duc à cheval reçu par une femme personnifiant la ville, agenouillée devant l'arc de triomphe de la porte Saint-Gallo. Dans le bas, L·M·WEBER. A l'exergue, ADVEN·OPT·PRINC MDCCXXXIX. (Méd. de Marie-Thérèse, n° 10. — C. Monn., 832.) Br. 90 mm. Superbe pièce. 50 »

390 Méd. ovale de Becker. Co-régence, 1740. Buste du co-régent, à droite.

℞. Ecu couronné soutenu par deux aigles. (Médaille de Marie-Thérèse, n° 16. — Sz., 60, 6.) 42/48 mm. Etain et Br. *TB.* à 3 50

390 *bis*. Même avers.

Buste de M.-Thérèse, à droite. Br. 42/48 mm. *FDC.* 4 »

391 Méd. de Vestner. Son couronnement à Francfort, le 4 octobre 1745. Buste de François I, à droite.

℞. L'emp. assis sur un trône en face d'une table portant les insignes impériales. (Méd. de Marie-Thérèse, n° 62. — C. Monn., 874.) Br. 44 mm. *TB.* 4 »

392 Jeton 1745. Ordres du comté de Namur. Buste du co-régent, à droite.

℞. Armes de Namur. (Neum., 13471. — C. Monn., 885.) C. *FDC.* 3 »

393 Médaille de 1765. Sa mort à Innsbruck. FRANCISCVS·D·G·ROM·IMP·S·A·GERM·HIER·REX·LOTH·BAR·ET·M·HET·DVX. L'empereur en buste, à droite.

℞. AETERNITATI·AVG·PRIN CIPIS·OPTIMI PATRIS PAT. Pyramide surmontée du buste de l'empereur; au pied du monument, la Justice et la Religion; sur le socle, AW (Antoine Widemann, graveur à Vienne). A l'exergue, en trois lignes : NAT·VIII·DEC·MDCCVIII·OBIIT·OENIPONTI·XVIII AVG·MDCCLXV. (Méd. de Marie-

Thérèse, nº CLXXX. — C. Monn., nº 897.) 35 gr. 45 mm.
FDC. 12 »

394 La même médaille. Br. *B.* 1 50

CHARLES ALEXANDRE DE LORRAINE, fils de Léopold I.

395 Son mariage avec l'archiduchesse Marie-Anne d'Autriche, 1744. M·ANNA ET CAROLUS. Bustes accolés, à droite; au bas, MD (Matthias Donner, graveur à Vienne). A l'exergue : SPONSI.

℞. NEXU ANTIQUO. Ecu parti d'Autriche et de Lorraine adossé à deux flambeaux posés en sautoir. A l'exergue : MDCCXLIV VII·IAN, en deux lignes. Bordure en saillie. (Méd. de Marie-Thérèse, nº 40. — Coster, nº 763. — C. Monn., nº 1404.) 6, 5 gr. 28 mm.
FDC. 4 »

396 La même médaille, avec bordure de grènetis et tranche en tréfeuilles. (Coster, nº 764.) 6 gr. *FDC.* 2 50

397 La même médaille. Br. *FDC.* 3 »

398 Méd. de G.-W. Vestner. Bustes accolés, à gauche.

℞. SIC AMOR HEROVM STIRPES ET PECTORA IVNGIT. Amour voltigeant, reliant par un cordon les armoiries d'Autriche et de Lorraine soutenues par deux anges. (Méd. de Marie-Thérèse, nº 41. — C. Well., 7881.) 29, 5 gr. 44 mm. *B.* 10 »

399 La même médaille. Br. *B.* 2 50

400 Passage du Rhin, près de Wissembourg et Haguenau, 1744. CAROLUS·FURST·VON· LOTRINGEN. Buste cuirassé du duc, à droite.

℞. DIE· ÜBERFAHRT·DES·RHEIN. Troupes du duc de Lorraine passant le Rhin sur un pont de bateaux. A l'exergue, 1744. Le graveur de cette médaille est Jean-Georges Holtzhey, à Amsterdam. (C. Monn. nº 1406.) Br. 38 mm. *TB.* 3 »

401 Reprise de Prague, 1744. Le prince à cheval, à droite.

℞. SUBSIDIO BRITANNIÆ. Cavaliers passant au galop devant la ville de Prague. A l'exergue, PRAGA RE-

CAPTA NO 26 MDCCXLIV. (Medallic Illustrations of British History, II, n° 238. — Donebauer, II, 4815. — C. Monn., 1407.) Br. doré 42 mm. *TB.* 6 »

402 Variété de la médaille précédente. Br. *B.* 2 »

a) Gouverneur-général des Pays-Bas.

403 Prospérité des Pays-Bas autrichiens. CAR:ALEX:LOTH: DUX BELG:PRÆF:. Buste du prince, à droite, cuirassé et portant l'ordre de la Toison d'or; sur la tranche du bras, R· (initiale de Jacques Rœttiers, graveur à Anvers).

℞. REIPUBLICÆ FELICITAS. Vaisseau entrant dans un port. A l'exergue, M·DCC·LII R·, en deux lignes. (Méd. de Marie-Thérèse, n° 111 var. — Coster, n° 801 var. — C. Monn., 1412 var.) Br. *FDC.* 3 »

404 Creusement du canal de Louvain. CAR·ALEX·LOTH·ET BAR·DUX·GUB·BELG. Même buste que précédemment.

℞. Mercure planant au dessus du canal. A l'exergue, FOSSA LOVANIENS· MDCC·LIII R, en trois lignes. (Méd. de M. Th., n° 112. — Coster, 802. — C. Monn., 1415.) Br. *TB.* 2 50

405 Méd. offerte au prince par Dom Thomas Mangeart, conservateur du Cabinet des Médailles. CAROLUS ALEX· DUX LOT·ET BAR BEL·GUB·GEN. Son buste cuirassé, à droite; au dessus, I.B.HARREWYN. (graveur à Bruxelles).

℞. ESSE DAT ET PRODESSE. Attributs du commerce, instruments d'astronomie, canons, médailler, livres, etc. A l'exergue, en trois lignes : AUG·MÆC·OB·D·T·M. A·NU·ETHIST·CONS·AN·M·DCCLIV. (Durand, Méd. des numismates, p. 113, n° 3. — C. Monn., 1413.) Br. 48 mm. *B.* 10 »

406 Importation libre des vivres. Avers du n° 403, mais sous le buste la date 1755.

℞. LIBERO COMMEATU ADVOCATIS COMMERCIIS. Femme assise tenant un caducée et vidant une corne d'abondance. (Méd. de M. Th., 118. — Coster, 808. — C. Monn , 1414 var.) Br. *FDC.* 2 50

407 Arrivée d'Anne-Caroline de Lorraine aux Pays-Bas. Avers précédent.

℞. ADDITUM SIDUS. La Belgique assise. A l'exergue, en trois lignes : ADVENT·CAROLÆ LOTH : R. (Méd. de M. Th., 122. — Coster, 807. — C. Monn., 1417. — Chalon, n° 1.) Br. *TB.* 4 »

408 Rétablissement de l'écluse de Slykens. Avers du n° 403.

℞. COMMEATU RESTITUTO COMMERCIUM ALLICITUR. Plan de l'écluse ; au dessous, SLICK ENS 17 (écu de Flandre) 57. (Méd. de M. Th. 135. — Coster, 811. — C. Monn., 1422.) Br. *FDC.* 2 50

409 Prise de Breslau, etc. Avers du n° 484.

℞. PRAGA·LIBERATA·XXI·IUN:BORUSSI·CÆSI·XXII·NOV:. Trois couronnes de laurier. A l'exergue, WRATISLAVIA CAPTA·XXV·N: 1757, en trois lignes. (Méd. de M. Th., 134. — Coster, 813. — C. Monn., 1420.) Br. *TB.* 2 50

410 Retour du prince de Lorraine dans son gouvernement. Avers du n° 404.

℞. Pyramide sur laquelle on lit : LÆTI :TIA· PROVIN:, en trois lignes. A l'exergue, REDUCI· M·DCC·LVIII· R·, en trois lignes. (Méd. de M. Th., 137. — Coster, 814. — C. Monn., 1421.) 13 gr. *TB.* 7 »

411, Académie d'Anvers. CAR·ALEX·LOTH·ETBAR·DUX ACAD·REG·ANTVERP·PROT. Son buste, à droite ; au dessous R. et l'aigle impériale.

℞. ARTIS DELINEAT·PREMIUM. Trois enfants dessinant, peignant et sculptant. A l'exergue, les armes d'Anvers. (C. Monn., 1426.) Br. 47 mm. *FDC.* 5 »

412 Académie de Bruges. QUAS NUTRIT ARTES. Femme assise sur des rochers, à côté d'un écu de Lorraine, d'une palette et d'un équerre, présentant une couronne. Dans le bas, H (Harrewyn). A l'exergue, CAROL : LOT : PRIN : PROTECT:

℞. EMULA LAURI. Palmier entre M:D—CC:LX et deux écussons. A l'exergue, ACAD:CIV:BRUG:BRAVIUM, en deux lignes et au dessous un petit lion. (C. Monn., 1430.) B. 47 mm. *B.* 8 »

413 Mariage de l'archiduc Joseph avec Elisabeth de Bourbon. Avers du n° 403.

℞. PAX PERPETUA BELGIS. Génie debout à côté d'un lion couché tient par un lien les écus d'Autriche et de France. A l'exergue, M·D·C·C·LX· PRID·NON·OCT· R·, en trois lignes. (Méd. de M. Th., 146. — Coster, 820. — C. Monn., 129.) 13 gr. *TB.* 6 »

414 Encouragements donnés à l'agriculture. Avers du n° 403.

℞. EXCITATA·AGRIC·INDUSTR. La Belgique assise devant un champ de blé, tenant des épis; à ses pieds, une corne d'abondance. A l'exergue, VARIIS DECRET· M·D·C·C·L·XII R·, en trois lignes. (Méd. de M. Th., 154. — Coster, 823. — C. Monn., 1433.) 13 gr. *B.* 5 »

415 Encouragements donnés aux sciences et aux arts. CAR: ALEX·LOTH:DUX BELG:PRÆF:. Son buste, à gauche, couvert d'une cuirasse, portant la croix de l'ordre teutonique; au dessous, R.

℞. PACIS ARTES. Emblèmes des arts et des sciences. A l'exergue, M·D:CC·LXIII R., en deux lignes. (Méd. de M. Th., 157. — Coster, 825. — C. Monn., 1425.) 14 gr. *TB.* 6 »

416 Couronnement du roi des Romains. Avers précédent, mais l'initiale du graveur se trouve sur la tranche du bras.

℞. CAROLVS V·CAROLVS VI. JOSEPHUS II. Trois couronnes impériales. A l'exergue, ELECTUS V·CAL· APR· CORO·V·NON·APR· M·DCC·LXIIII· R·, en quatre lignes. (Méd. de M. Th., 165. – Coster, 832.) 14 gr. *TB.* 6 »

417 La même. Br. *FDC.* 3

418 Reconstruction de l'abbaye de Forest-lez-Bruxelles. Avers du n° 415.

℞. FELICIBUS AVSPICIIS. Ecu parti surmonté d'une couronne comtale et d'une crosse. A l'exergue, ABB· FOREST·RENOV· M·DCC·LXIV· R·, en trois lignes. (Coster, 834. — C. Monn., 1434.) Br. *TB.* 2 50

419 Co-régence de l'empereur Joseph II. CAR·ALEX·LOTH;

DUX BELG:PRÆF:. Buste du nº 416, mais il porte en plus une croix.

℞. MATRIS LEVAMEN. Marie-Thérèse présente le globe impérial à son fils. A l'exergue, JOS·AUG·IN·CONSORTIUM REGNORUM ADSCITO M·DCC·LXV· R·, en quatre lignes. (Méd. de M. Th., 185. — Coster, 839. — C. Monn., 1435.) Br. *Troué. B.* 1 50

420 Construction de routes. Avers précédent.

℞. UTILITATI POPULORUM. Route plantée d'arbres traversant un champ dans lequel on fait la moisson. A l'exergue, EXTRUCTÆ ET REPARATÆVIÆ M·DCC·LXVI (Méd. de M. Th., 196. — Coster, 840. — C. Monn., 1423.) Br. *TB.* 5 »

421 Rétablissement de l'Impératrice-Reine. Avers semblable au nº 419.

℞. DEO SOSPITATORI AUGUSTÆ. La Belgique debout remerciant le ciel. A l'exergue, BELGICA GRATULABUNDA MDCCLXVII. (Méd. de M. Th., 200. — Coster, 841. — C. Monn., 1436.) Br. *TB.* 2 50

422 Jubilé de vingt-cinq ans de gouvernement. CAROLUS LOTHARING·DUX BELG·GUBERNAT. Buste du duc, à droite, couvert d'une cuirasse, portant autour du cou une croix et en écharpe la croix de l'ordre teutonique. Au dessous, R.

℞. BELGICÆ FELICITATIS SECULUM NOVUM. Le Génie des Pays-Bas écrit sur un bouclier posé sur une pyramide : IMPE RII ANNUS XXV. Sur la plinthe de la pyramide, H·F. A l'exergue, BRUXELL·D·XXVI MAR·MDCC·LXIX. 38 gr. 45 mm. *FDC.* 20 »

423 Avers du nº 421. Revers semblable au précédent. (Méd. de M. Th., 214. — Coster, 846. — C. Monn., 1439.) 13 gr. *FDC.* 8 »

424 La Société Caroline de musique. Avers du nº 421.

℞. Dans le champ, QUOD BELGII PRÆFECTURXXV ANNIS FORTITER, HUMANÈ, PRUD·GESSITODÆI BRUXEL·CAROLINI SODALES PRINCIPI CARISS ·1769. (Coster, 847. — C. Monn., 1437.) Br. *TB.* 2 »

425 Délimitation des frontières de France et des Pays-Bas. Avers précédent.

℞. LIMITES PROVINCIARUM ASSIGNATI. Deux colonnes, l'une à l'écusson d'Autriche, l'autre à celui de France, servant de bornes frontières. (Méd. de M. Th., 219. — Coster, 848.) Br. *TB.* 2 50

426 Placement de la pierre fondamentale à la construction de l'église de Condenbourg, à Bruxelles. Avers du n° 422.

℞. Dans le champ. PRINCIPI·OPTIMO ET PIISSIMO· QUOD· TEMPLI·CAUDENB· PRIMUM·LAPIDEM· POSUERIT. A l'exergue, 17·JAN·1776. (C. Monn., n° 1450.) Br. 44 mm. *TB.* 4 »

427 Académie de Bruxelles. CAROL·ALEX· LOTH·ET BAR· DUX. Son buste, à droite, cuirassé et drapé dans un manteau d'hermine, à droite; au dessous, T·V·BERCKEL· F. (Théodore van Berckel, graveur à Bruxelles.) Sur la tranche du bras, 1778.

℞. ARTIUM LIBERALIUM TUTELA AC PRAESIDIUM. Quatre enfants dessinant, mesurant, peignant la Renommée et sculptant le buste du prince Charles. A l'exergue, ACADEMIAE BELGICAE T·V·B. (Durand, Médailles des numismates, p. 117, n° 16. — C. Monn., 1453.) 49 gr. 47 mm. *TB.* 15 »

428 Sa mort. D·CAROLO ALEX·LOTH· BELG·PRÆF·OPT· PRINC. Buste du duc, à droite, drapé dans un manteau. Sous le buste, T·V·B.

℞. MEMORIAE ÆTERNAE. La Belgique tenant l'écu de Lorraine et assise à côté d'un autel pleure au pied d'un mausolée. A l'exergue, MORITVR IV NON·JVLII· MDCCLXXX. (Méd. de Marie-Thérèse, 288. — Coster, n° 873. — C. Monn., n° 1454.) 14 gr. 33 mm. *FDC.* 8 »

429 CAR · ALEX · D · G · D · LOTH · ET · B · S · ADM · BOR · ET · O·TEVT·M·M. Son buste cuirassé, à droite, drapé dans un manteau; au dessous, I·N· W.

℞. REQVIES OPTIM MERITORVM. Une femme personnifiant le Brabant, en pleurs, assise à côté d'un piédestal,

portant une couronne et une urne. Dans le bas, I·N· WIRT·F. A l'exergue, IV·NON·IVL· M·DCCLXXX. (Méd. de M. Th., 287. — Hauschild, 1581.) 26 gr. 43 mm. *FDC.* 12 »

430 Méd. de Simon, graveur belge. Son buste et légende. (Durand, p. 117, n° 18.) Br. *FDC.* 2 »

431 Érection de son monument à Bruxelles en 1848. Méd. de C. Jéhotte, graveur belge. Son buste et son monument. Br. *TB.* 3 »

b) Grand-maître de l'ordre teutonique.

432 Son élection comme grand-maître de l'ordre teutonique. Méd. de S.-L. Oexlein, 1761. Son buste, à droite.

℞. Godefroy de Bouillon, debout, s'appuyant sur un écu parti de Jérusalem et de Lorraine. (Méd. de M. Th., 148. — Dudik, XIV, 154. — C. Monn., 1432.) 29 gr. *FDC.* 12 »

433 Le même. Étain. *TB.* 1 50

434 Élection de l'archiduc Maximilien comme coadjuteur du grand-maître de l'ordre teutonique. Méd. de A. Wideman, 1770. Buste du duc, à droite.

℞. Buste de l'archiduc, à droite. (Méd. de M. Th., 226. — Dudik, XV, 158. — C. Monn., 1441.) 35 gr. *FDC.* 15 »

435 Jeton presque semblable à la médaille précédente et gravé par W. H (W. Harrewyn). (Dudik, XV, 160. — Coster, 849. — C. Monn., 1442.) 4 gr. *FDC.* 4 »

436 Le même jeton. C. *B.* 3 »

437 L'archiduc Maximilien créé chevalier de l'ordre teutonique. Méd. de Krafft, 1770. Bustes accolés de l'oncle et de son neveu, à droite.

℞. L'archiduc fait chevalier par son oncle. (Méd. de M. Th., 227. — Dudik, XV, 159. — C. Monn.. 1440.) 44 gr. 50 mm. *FDC.* 20 »

438 Visite de la Monnaie de Vienne, 1770. — Dans le champ, P·LEOPOLDUS ET M·LUDOVICA M·M·D·D·HETRU-

RIÆ DUMARTEMMONETARIAM VIENN·INVISERENT CUDERUNT.

℞. Dans le champ, COMITANTIBUS CAROLO ET CAROLINA LOTHAR·D·D 28·AUG·1770. (Méd. de M. Th., 228.) 6, 5 gr. *FDC.* 5 »

439 Le même jeton. Br. *FDC.* 2 »

440 Ecu. D·G·CAROL·ALE· DUX LOTH·ET BAR. Buste du duc, à droite, portant une cuirasse, une écharpe et la croix de l'ordre teutonique; au dessous, Æ.

℞. SUP·ADM·BOR·ETORD·TEUT·MAGN·MAG·1776. Ecu à huit quartiers sur lequel broche la croix de l'ordre teutonique, chargée d'un petit écu aux trois alérions; l'écu est couronné et supporté par deux aigles couronnés. A l'exergue, X·EINE F·MARCK·; au dessous, W dans un cartouche accosté de W. E. (Dudik, XV, 162. — C. Monn., n° 1457.) *FDC.* 20 »

441 Demi-écu. Avers comme ci-dessus.

℞. SUP:ADM:BOR:ET ORD·TEUT:MAGN:MAG:1776. Ecu comme au revers précédent. A l'exergue, XX·E:F: MARCK·; au dessous, W dans un cartouche accosté de W· E. (Dudik, XV, 163. — C. Monn., n° 1458.) *FDC.* 8 »

442 Vingt kreuzer. Avers du n° 440, mais sans les initiales du graveur.

℞. SUP:ADM:BOR:ET ORD TEUT:MAGN:MAG:1776, en légende extérieure, et LX·EINE F·MARCK·, en légende intérieure. L'écu précédent surmonté d'une couronne coupant la légende intérieure et supporté par deux palmes. Dans le bas, w. 20 E.; au dessous, W entre deux rosaces. (Dudik, XVI, 164. — C. Monn., n° 1459.) *FDC.* 2 »

443 Variété de la pièce précédente dans le dessin du revers. Le petit W ne se trouve pas entre deux rosaces, mais entre parenthèses. Arg. *TB.* 2 »

444 Cinq kreuzer. S.A.E.E O.T.M.M. Ecu ovale, à la croix de l'ordre teutonique chargée d'un petit écu aux trois alé-

rions, surmonté d'une couronne et supporté par deux palmes. Dans le bas, 5 entre W et E.

℞. Dans un cartouche, 240 EINE FEINE MARCK· 1776; au dessous, IUSTIRT. (Dudik, XVI, 165.) *FDC.* 1 50

445 Deux kreuzer et demi. Sans légende. Ecu précédent.

℞. Dans le champ, 2 1/2 KR:NACHDEM CONVENT: FUS· 1776·W(W)E. (Dudik, XVI, 166.) *FDC.* 1 50

446 Un kreuzer. Même avers que précédemment.

℞. Dans le champ, 1 KR: NACHDEM CONVENT: FUS· W1776E· (W). (Dudik, XVI, 168.) *B.* 1 »

447 Variété du kreuzer précédent avec 1 KR. NACHDEM CONVENT FUS· W·1777·E· et W entre deux rosaces. *B.* 1 »

448 Quart d'écu obituaire, 1780. Ecu couronné soutenu par deux aigles et légendes. (Dudik, XVI, 173.) *FDC.* 6 »

449 Douzième d'écu obituaire, 1780. Ecu précédent et légendes. (Dudik, XVI, 172.) *FDC.* 4 »

CHARLES ALEXANDRE

et sa sœur Anne-Charlotte de Lorraine, abbesse de Remiremont et de Sainte-Waudru, à Mons.

450 CAROLUS · ALEX · LOTH · D · MAG · PRUS · ADM · ORD · TEUTO·MODE·. Son buste cuirassé, à gauche; sur la tranche du bras, NICOLE (Claude-François Nicole, graveur à Nancy).

℞. ANNA CAROLA LOTH·DUCISSA ABBATI·REMIR-MON·ET·MONT. Buste, à droite. (C. Monn., 1456 var. — Chalon. n° 2.) Br. 49 mm. *B.* 20 »

Voir aussi nos 407, 438, 439.

ANNE-CHARLOTTE DE LORRAINE, seule.

451 Arrivée de Marie-Antoinette de France et d'Anne-Caroline de Lorraine à Gunzbourg (Bavière). ADVENTUS M. ANTONIAE GALLIAE DELPHINAE ET CAROLINAE LOTHAR·P·, dans une couronne de laurier.

℞. AUSPICATO OCCURSU. Vue du château de Gunzbourg. Dans le bas, A·KÖNIG (Antoine König, graveur à Breslau). A l'exergue, GUNTIUM XXIX · APRI · MDCCLXX. (Méd. de Marie-Thérèse, 224. — Chalon, n° 3. — C. Monn., n° 1463.) 26 gr. 44 mm. *FDC.* 12 »

452 ADVENTUS M · ANTONIÆ GALL · DELPHINÆ ET CAROLINAE LOTHAR·P·, dans une couronne de laurier.

℞. AUSPICATO OCCURSU. Vue de Gunzbourg. A l'exergue, GUNTIUM 29·APR·1770, en deux lignes. Or. 26 mm. $1^1/_2$ du cat. *FDC.* 30 »

453 Le même jeton. (C. Monn., n° 1464.) 2 var. de coin. 4 gr. *FDC.* à 3 »

454 Médaille de 1773. Sa mort. CAROLINA PRINCEPS LOTHAR · ET BARRI & NATA DIE XVII · MAII MDCCXIV. Buste de la princesse avec écharpe d'hermine, à droite. Dans le bas, A.WIDEMAN (Antoine Wideman, graveur à Vienne).

℞. PATRIAE VTRIQVE SVVM. Tombeau sur lequel s'appuie, dans l'attitude de la douleur, une femme coiffée d'une couronne murale. Au second plan, un Génie ailé. A l'exergue, SPIRITVM COELO VII·NOV·MONT·HAN·CINERES SEPVLCRO AVITO NANC· XXIII·DEC·1773·CAR·FRATRI DESIDERIVM SVI, en quatre lignes. (Méd. de Marie-Thérèse, 258. — Chalon, n° 5. — C. Monn., n° 1465.) 43 mm. 26 gr. *TB.* 22 »

455 La même médaille en étain bronzé. *B.* 1 »

456 CAROL·PR·LOTHAR·&·NATA 17·MAII 1714. Buste de la princesse avec écharpe d'hermine, à droite.

℞. Légende et sujet du revers précédent. Dans le bas, W H. (W. Harrewyn). A l'exergue, DECESSIT 7·NOV· 1773· MONTIB·HANON. (Chalon, n° 6. — C. Rob., 1651.) 5 gr. *TB.* 30 »

GUISES

CHARLES,

Cardinal, évêque de Metz et archevêque de Reims (1538-1574).

457 Méd. italienne de Pastorino. CAROLVS CARD·DE LO-

THERINGIA·1555. Buste, à droite, du cardinal, coiffé de la barrette. Sur la tranche du bras, P.

℞. Lisse. Armoiries allemandes gravées vers la fin du XVIIe siècle. (Armand, I, 201, 78. — C. Monn., n° 1506 *bis*.) A bélière. 55 mm. 49 gr. *TB.* 70 »

458 Médaille. ·CAROLVS·CARDINALIS·DE·LOTHERINGIA. Buste, à droite, coiffé de la barrette.

℞. ✠· ORTV · CLARVS · SINE · DOLO. Agneau pascal. Frappe moderne. (*Trésor de num. et de glyp.* Méd. franc., XLIX, 6 et XLVIII, 4.— De Saulcy, *Évêques*, pl. III, fig. 83. Avers.) 40 mm. 28 gr. *FDC.* 15 »

459 La même pièce. (C. Monn., 1507.) Frappe moderne. Br. *FDC.* 3 »

460 Jeton. + CAROLVS : CARDI : DE : LOTH : ARCH : DVX : RHEM. Ecu timbré du chapeau de cardinal et posé sur une croix.

℞. CRESCAM:ET:TE:STANTE:VIREBO:. Vigne grimpant autour d'un tuteur. (Maxe-Werly, VII, 2.) Æ. *TB.* 60 »

461 Même pièce. (C. Rob., 1654.) C. j. *TB.* 10 »

462 Jeton de présence de l'Université. CAROLUS A LOTH· FUNDAVIT ANNO 1547. Buste du cardinal, à gauche; au dessous, DUVIV·FIL.

℞. UNIVERSITAS REMENSIS. Ecu de Reims traversé par la bande de Lorraine. A l'exergue, 1756. (Maxe-Werly, VII, 1. — C. Monn., n° 1508 var.) Arg. *TB.* 7 »

463 Même pièce. C. *TB.* 3 »

HENRI, dit le Balafré (1550-1588).

464 Médaille. + · + · HENRI · + · DE · + · LOR · + · DUC · + · DE · + · GVISE · +. Buste lauré et cuirassé, à droite.

℞. ❀ DISCVTIT·VT·COELO·PHOEBVS·PAX·NVBILA·TERRIS. Laboureur dans une campagne surmontée du soleil dissipant les nues. (*Trésor de num. et de glypt.* Méd. fr., XXVII, 2. — C. Monn., n° 1524.) Frappe moderne. Br. 48 mm. *FDC.* 5 »

465 Jeton. +H·D·DE·GVISE·CONT DEV·PAIR·DE·FRAN. Ecu couronné, entouré du cordon de l'ordre du Saint-Esprit.

℞. +C·D·DE GVISE·CON DEV PAIR·DE·FRAN. Ecu mi-parti de Lorraine et de Clèves sous une couronne, entouré d'une cordelière. (Cath. de Clèves, fille de François, duc de Nevers). (C. Monn., 1526.) C. *B.* 9 »

LOUIS II,

Cardinal, archevêque de Reims (1574-1588).

466 Jeton. LVD·CARD·A·GVYSIA·ARCH·DVX·REMENSIS. Ecu posé sur une croix et surmonté du chapeau de cardinal.

℞. + HÆC·ARA·TVEBITVR·OMNES. Colombe déposant la sainte Ampoule sur un autel, au dessous duquel : 1581, 1583, 1584 et 1588. (Maxe-Werly, VII, 3. — C. Monn., n° 1522.) 4 var. C. j. *B.* à 6 »

466 *bis*. + LVDOVICVS·CARDINALIS·DE·GVISIA. Ecu précédent.

℞. FIDVS INDEX NVMERI· en trois lignes dans une couronne de laurier. (Maxe-Werly, VII, 4.) C. j. *B.* 25 »

LOUIS III,

Cardinal, archevêque de Reims et abbé de Cluny (1589-1621).

467 Jeton. LVD·A·LOTH·ARCH·DVX·REMENSIS. Ecu posé sur une croix. Même revers que le précédent. A l'exergue, 1609. (Maxe-Werly, VII, 7. — C. Monn., 1529.) C. j. *B.* 10 »

468 Jeton. ❀·LVDOV·LOTH·ARCHIEP·DVX·RHEM. Ecu posé sur une croix.

℞. ❀ DEO·REGIQVE·SACRATVS ❀. Couronne surmontée du chapeau de cardinal. A l'exergue, ·1614·. Arg. *FDC.* 45 »

469 Même pièce. (Maxe-Werly, VII, 6. — C. Monn., 1531.) C. j. *TB.* 8 »

470 Jeton. LVDO · CAR · A · GVYSIA · ARCH · D · REM · ABB · CLVNI. Ecu posé sur une croix et surmonté du chapeau de cardinal.

℞. HIS·ARMIS·HÆC·ARMA·TVEBOR. Ecu de l'abbaye de Cluny posé sur une crosse entre deux branches de laurier. A l'exergue, 1618. (Maxe-Werly, VII, 5. — C. Monn., 1532 *bis*.) C. j. *B*. 20 »

HENRI II (1614-1664),

généralissime des armées de la république de Naples.

471 Teston. HENR DE LOREN. DVX REIP. NEAP. Ecu couronné, portant en travers une bande avec S.P.Q.N.

℞. S·I·REGE·ET·PROT·NOS·1648. Saint Janvier sur les nuages. (C. Monn., n° 1550.) C. *AB*. 15 »

472 Deux tornesi. HEN·DE·LOR·DVX·REI·N. Ecu pareil au précédent.

℞. PAX·ET·VBERTAS·1648. Faisceau d'épis et d'olivier en sautoir. (C. Monn., n° 1551.) C. *AB*. 5 »

GUISE-MAYENNE

HENRI (1578-1621).

473 Jeton. HENRICVS·A· ·LOTARINGIA. Ecu couronné.

℞. OLLI·CŒLESTIS:ORIGO. Oiseau de paradis volant. A l'exergue, deux branches de laurier. (C. Monn., 1556.) C. j. *B*. 8 »

CATHERINE,

épouse de Charles I de Gonzague, duc de Nevers.

474 Jeton. Départ de son mari pour son ambassade de Rome. CATH·DE·LORRAINE DVCH·DE·NIVERNOIS. Ecu parti, couronné et entouré d'une cordelière. Au dessous de la couronne, FI DES.

℞. SERVAT DATAM. Mains jointes entre deux rameaux; à l'exergue, 1608. (Soultrait, *Numism. nivernaise*, n° 62. — C. Monn., 1555.) C. j. *AB*. 8 »

GUISE-AUMALE

ANTOINETTE-LOUISE,

Abbesse de N.-D. de Soissons.

475 Jeton. + LOYSE·DE·LORRAINE·ABBESSE·DE·SOIS-

SONS·. Ecu écartelé de Lorraine et de Bourbon-Vendôme, posé sur une crosse abbatiale et entouré du chapelet de religion.

℞. ❀ LVMEN ❀ ✠ ❀ RECTIS ❀. Pyramide surmontée d'une croix et environnée de flammes. A l'exergue, 1598. (C. Monn., 1558.) C. j. *TB.* 16 »

GUISE-ARMAGNAC

HENRI, COMTE D'HARCOURT (1601-1666).

476 Jeton. H·DE·LORRAINE·C·DE·HARCOVRT·P·ET·GR. Buste cuirassé et drapé, à droite; au dessous, IV.

℞. ESCVYER·DE·FRAN·ET·VICE ROY·DE·CATAL, en légende, et FIDELIS·ET AVDAX·, à l'exergue. Au centre, un lévrier attaché à un arbre; dans le champ, 1645. (*Ann. de la Soc. fr. de num. et d'arch.*, 1888, p. 462, nº 19. — C. Rob., 1658.) C. r. *TB.* 25 »

477 Jeton. H·DE·LORRAINE·C·DE·HARCOVRT·P·ET·GR. Buste cuirassé du comte, à droite.

℞. ·IN VTRAMQVE PARATVS. Deux couronnes accolées. A l'exergue, ·1645·. Frappe moderne. C. *FDC.* 1 »

478 Jeton de Dassier. H·DE·LORR·CO· DHARCOURT. Buste cuirassé, à gauche.

℞. Mausolée sur lequel on lit . GRAND ECUYER DE FRANCE M·1666. (C. Monn., 1561.) Br. *TB.* 5 »

MERCŒUR

NICOLAS? (1524-1577.)

479 Jeton. ⊢ NEVTRA·SEQVOR·MEDIVS·1558. Ecu de Lorraine au lambel, sous une couronne.

℞. FIRMA·SOLO·RADIX. Arbre exposé au vent. (Dugn., 2168. — C. Monn., 445. — C. Rob., 1493.) C. r. 2 p., dont l'une de 1554. *Troué. B.* à 3 50

480 Jeton. ❀ QVO·FATA·TRAHVИT·AИИOCHRI·1570. Figure allégorique sur le cheval Pégase.

Revers précédent. (C. Monn., 446. — C. Rob., 1494.) C. r. *AB.* 5 »

480*bis*. Même jeton, de 1569. C. r. *B.* 15 »

PHILIPPE-EMMANUEL,

mort à Nuremberg, le 19 février 1602.

481 Méd. de 1601. Prise de Stuhlweissenburg. OPE DEI·PRECE :CONSILIO ET ANIMO ALBÆREGI ÆMVNIMEN ILL: PRINC:D.D.PHIL: EMANVELIS DE LORRAYN:ET MERCVRIO ELECTI AB IMP:RVDOLP:II CHRIST: EXERCITVS CONT·TVRC:DVCIS EX PVGNAT' A·S· M·DCI·XX·SEPT, en dix lignes, dans le champ. Au dessous de la légende, couronne de laurier traversée par une branche de laurier et une palme.

℞. OMNIS VICTORIA A DOMINO. Vue de Stuhlweissenburg, devant laquelle passe l'ennemi. A l'exergue, en deux lignes, C·PRIVIL:CÆS: V·M· (Valentin Maler, graveur à Nuremberg). (Sz., 23, 4. — Wesz. G., xxv, 9.) De la plus haute rareté. 12 gr. 33 mm. *TB.* 70 »

LOUISE,

femme de Henri III, roi de France et de Pologne (1553-1601).

482 Médaille. ·LODOICA·LOTARÆNA·REGINA·FRANC· Buste de la reine, à gauche.

℞ HENRICVS·III·D·G·FRANCORVM·ET·POL·REX. Buste du roi, à droite. (*Trésor de num. et de glypt.* Méd. fr., XXI, 8. — C. Meaume, 123.) Frappe moderne. 34 gr. 43 mm. *FDC.* 15 »

483 Même médaille. Frappe moderne. (C. Monn., 1566.) Br. *FDC.* 3 »

484 Médaille. Même avers que précédemment.
℞. IMAGO·:·TALIS·ALEXADRI·TIGRIN·SVPERANTIS. Le roi à cheval, à gauche. (*Trésor de num. et de glypt.*, XXI, 9 var. — C. Monn., n° 1567.) Frappe moderne. Br. *FDC.* 3 »

485 Jeton. LOISE·P·L·G·D·D·R·DE·FRAN·ET·DE·POLOG. Ecu mi-parti de France et de Lorraine sous une couronne.
℞. + TANTVS·MIHI·FVLGOR·AB·VNO·1575·. Soleil projetant ses rayons sur la mer. (C. Rob., 1660.) C. j. *B.* 14 »

486 Jeton. Même avers avec FRAN·ET·POL.
℞. + AMOR·ÆQVAT·AMANTES·. Deux plumes d'Autruche reliées par une couronne. A l'exergue, 1576. (C. Monn., 1569.) C. j. *B.* 11 »

487 Jeton. Même avers que le précédent.
℞. + ASPICE·ET·ASPICIAR·. Soleil au dessous d'un cadran solaire. A l'exergue, 1580. (C. Monn., 1570.) C. j. *B.* 15 »

488 Jeton. Même avers que le précédent.
℞. ·A·DEO·ILLA CORONATA. Une main sortant des nues et tenant une couronne au dessus d'une touffe de broussailles et de plantes. A l'exergue, 1586. Très rare. C. *AB.* 10 »

MERCŒUR-CHALIGNY

HENRI DE LORRAINE, marquis de Moy (1596-1672).

489 Jeton. ✠ HENRICVS·LOTHARINGIVS·MARCHIO MOY. Ecu plein de Lorraine surmonté d'une couronne.
℞. ❋ FLVCTVO NEC MERGOR ❋. Arion sur un dauphin. A l'exergue, 1627. (C. Monn., n° 1574. — C. Rob., n° 1662.) C. j. *TB.* 12 50

VILLES, SEIGNEURIES, ÉVÊCHÉS, ETC. DE LORRAINE ET DU BARROIS ET DES TROIS-ÉVÊCHÉS

Ars-sur-Moselle.

490 Jeton. ·ASSOCIATION ALIMENTAIRE· dans le haut. Dans le champ, en trois lignes, 1856 ARS S/MOSELLE.
℞. Dans le champ, LEGUMES; au dessus et au dessous une rosace. C. j. *B.* » 75

Bar-le-Duc.

Jetons de la chambre des comptes.

491 S. d. ✠ IECT·DE·LA·CHAMBRE·DES·COMPTES·DE BAR. Ecu aux bars timbré d'une couronne.
℞. ✝ PLVS ❀ PENSER ❀ QVE ❀ DIRE. Trois pensées sur leurs tiges. (C. Monn., 1343.) C. j. *TB.* 2 »

492 Avers précédent, mais l'écu coupe le millésime 16 —46.
℞. LVD·XIIII·D·G·FRANC·ET·NAV·REX. Buste du roi enfant, à gauche. (C. Monn., 1338.) C. j. *B.* 1 50

493 Avers précédent portant la date 1656.
℞. LVD · XIIII · D · G · FR · ET · NAV · REX. Buste du roi jeune, à droite. (C. Monn., 1339.) C. r. et j. *B.* à 1 50

494 Avers du n° 491.
℞. ✠ DE·LINTEND^CE DE·MR COLBERT·DE·S^T P^GES CON^R DESTAT. Ecu de Colbert timbré d'une couronne. Dans le champ, 16 58. (Neum., n° 30689. — C. Monn., n° 1341.) C. r. *FDC.* 3 »

495 Avers du n° 491.
℞. LVDOVICVS·XIIII·D·G·FR·NAV·REX. Buste du roi, à dr. C. j. *B.* 2 »

Jetons de la chambre de ville.

496 ❀ IECT·DE·LA·CHAMBRE·DE·VILLE·DE·BAR. Ecu aux bars timbré d'une couronne. Dans le champ, 16 — 44.
Revers du n° 491. C. j. *B.* 1 50

497 + IECT, etc., comme précédemment, avec les dates 1646, 1650, 1659. 3 var. (C. Monn., 1332.) C. j. *B.* à 1 »

498 IECT·DE·LA·CHAMBRE·DE·VILLE·DE·BAR. Ecu mi-parti aux bars et aux trois pensées, sous une couronne. A l'exergue, 1680.

℞. FECIT VICTORIA NODVM. Faisceau d'armes. A l'exergue, 1680. (C. Monn., 1334.) C. r. *B.* 1 50

499 Même pièce qu'au nº 496, avec la date 16—82. On a remplacé au revers la croix de Lorraine par une rosace. (C. Monn., 1335.) C. r. *FDC.* 2 »

500 ❀ IETS·DE·LA·CHAMBRE·DE·VILLE·DE·BAR. Ecu aux bars timbré d'une couronne. Dans le champ, 16—86. Revers du nº 499. (C. Monn., 1336 Æ.) C. j. *B.* 5 »

501 Même pièce, de 1690 et de 1700. (C. Monn., 1337.) C. r. *B.* à 1 50

Bouzonville.

502 Exposition agricole. LANDWIRTSCHAFTLICHE AUSSTELLUNG BUSENDORF. 1886. Instruments de culture. Dans le bas, WILH·MAYER STUTTGART.

℞. Deux branches de laurier. 50 gr. 48 mm. *FDC.* 12 »

Château-Renaud (Seigneurie de).

FRANÇOIS DE BOURBON ET LOUISE-MARGUERITE DE LORRAINE
(1605-1614.)

503 Florin. FR·BOVRB·LVD·MARGARETA·LOT·, légende commençant en haut. Buste de François de Bourbon, à droite.

℞. IN·OMNM·TER·SONVS·EORV:. Ecu parti de Bourbon et de Lorraine, surmonté d'une couronne. (Poey-d'Avant, nº 6239.) Or. *B.* 23 »

504 Avers précédent avec ❀ F·BOVRB·, etc.
Revers précédent avec ·IN·OMNM·TER·SONVS·EOR. (P.-d'A., 6240.) Or. *B.* 22 »

505 Florin. ·F·BOVRB·L·MARGARETA·LOTH· ❀, légende commençant en bas. Buste comme au numéro précédent.

℞. IN·OMNM:TER·SONVS·EORV❀. Ecu parti de Bour-

bon et de Lorraine, surmonté d'une couronne et accosté de deux croix de Lorraine. (P.-d'A., nº 6245.) Or.
TB. 25 »

506 Quart d'écu. F. BOVRB·LVD·MARGAR·LOT. Ecu parti de Bourbon et de Lorraine, surmonté d'une couronne et accosté de deux L couronnés.

℟. ❀ IN·OMNEM·TERRAM·SONVS·EORVM. Croix fleurdelisée. (P.-d'A., 6250.) *B.* 23 »

507 Douzain. + F·BOVRB·LVD·MARGARETA·LOT. Ecu de Conti, couronné et accosté de deux H couronnées.

℟. + IN·OMNEM·TERR·SONVS·EORVM. Croix pattée cantonnée de quatre couronnes. (P.-d'A.. 6252 var.)
AB. 4 »

FRANÇOIS DE BOURBON, seul.

508 Doubles liards de 1613 et 1614, et liards s. d. 7 var. C.
B. à » 40

MARGUERITE DE LORRAINE (1614-1631).

509 Double denier au type du nº 149. LVDOVICA MARGAR·LOT. Ecus de Lorraine et de Bar accolés et surmontés d'une couronne; au dessous, G.

℟. IN·OMNEM·TERR·SONVS·EOR. Alérion couronné. (P. d'A., 6267.) Bill. *AB.* 5 »

Commercy (Principauté de).

ELISABETH-CHARLOTTE D'ORLÉANS,

veuve de Léopold I de Lorraine.

510 Jeton. ELIS·CAR·AVREL·LEOP·I·LOT·BAR·D·AVG^{A}: SVPR·PRINC·COMMARCH. Tête de la duchesse, à droite; le cou est orné d'un collier de perles. Dans le bas, S.VRB. (Ferd. de Saint-Urbain.)

℟. GLORIA COMMARCII. Un cartouche couronné, chargé de deux écus accolés, l'un aux armes pleines de Lorraine, l'autre aux armes d'Orléans et entouré d'une cordelière. A l'exergue, ACCEPTO·A·PRINCIPAT·COMMARC·FIDEL·SACR·1737·. (C. Monn., 809. — C. Rob., nº 1621.) 9 gr. 30 mm. *FDC.* 15 »

511 Même pièce variée dans le coin avec COMMARC à l'avers et PRINCIPATV au revers. (C. Monn., 808.) 7 gr. 28 mm. *FDC.* 12 »

Épinal.

512 Société d'émulation du département des Vosges. Méd. de Barre décernée « à Réveillé (Antoine) — Bons et loyaux services — Epinal, 2 mai 1843. » Br. *FDC.* 5 »

513 Troisième fête fédérale de l'union des Sociétés de gymnastique de France à Epinal, 1877. Br. à bélière. *FDC.* 4 »

514 Monastère de Saint-Geuric. Petit denier à l'église tristyle. (C. Rob., 1286.) *B.* 1 »

515 Denier au nom de saint Geuric. Croix cantonnée et donjon crénelé. (C. Rob., 1290.) *B.* 4 »

Gorze (Abbaye de).

CHARLES DE LORRAINE (1608-1648).

516 Ecu. ❀ CAROLVS·A LOTH·D·ET·S·S·A·G·SVP·DNS·GORZ·A. Buste de l'abbé de Gorze, à droite, accosté de la date 1630.

℞. MONETA ❀ ARGENTEA ❀ GORZIE ❀ CVSA. Ecu plein de Lorraine, brisé de la barre de bâtardise ; l'écu est surmonté d'une couronne. (Robert, Monnaies de Gorze, pl. 1, fig. 3. C. Monn., nº 1383.) De la plus haute rareté. *B.* 400 »

516 *bis.* Terre de Gorze. ✠ SIGILLVM·IVSTICIE·GORZIEN-

SIS. Saint Gorgon (?) à cheval, à gauche, tenant un oiseau sur sa main droite. *TB.* 20 »

Sceau de la fin du XVIe siècle. D. 24 m. Matrice plate munie d'un corps disposé à recevoir un manche.

Jametz (Seigneurie de).

CHARLOTTE DE LA MARCK (1574-1594).

517 Pièce de 20 sols. + CHARLOTTE∘DE∘LA∘MARCK. Ecu de La Marck en losange couronné.

℞. Dans le champ, IAMETZ ASSIEGEE +XX+ 1588. (De Saulcy, *Monnaies obsidionales de Jametz*, frappées en 1588, pl. fig. 2. — C. Monn., 512.) C. *B.* 65 »

Lunéville.

518 Paix de Lunéville, 1801. Méd. d'Andrieu. Buste de Bonaparte, premier consul, à droite.

℞. Légende gravée. La Paix debout, à gauche. (Millin, XII, 41.) 29 gr. *TB.* 16 »

518 *bis.* — La même pièce. Br. *TB.* 5 »

519 Méd. de J.-P. Droz. Buste du consul, à gauche.

℞. BONHEUR AU CONTINENT. Soleil éclairant l'hémisphère. (Millin, XI, 42.) Br. *TB.* 12 »

520 — Méd. de Guillemard. Buste casqué de Charles-Louis, archiduc d'Autriche.

℞. Ecu de Bohême surmonté d'une couronne et appuyé entre des armes, dans un paysage. (*Trésor de num. et de glypt.* Méd. de la Révol. fr. LXXXIV. 4.) Br. *B.* 3 »

521 — Méd. allemande. Bonaparte et le général Cobenzl se présentant une branche de laurier. Entre eux, Lunavilla.

℞. *Tempora meliora sequentur.* La Paix sacrifiant sur un autel emflammé. Rare. Etain. 40 mm. *B.* 8 »

522 Méd. de D.-F. Loos, graveur à Berlin. HEIL DEN FRIEDEN, etc. La Paix sur le globe.

℞. UND MILDE WEISHEIT, etc. Bellone et Minerve. A l'exergue, en deux lignes, LUNEVILLE D.9 FEBRUAR 1801. (Millin et Millingen, XXVI, 49.) Arg. 36 mm. 14 gr. *FDC.* 6 »

523 — Méd. allemande. Le Temps assis sur des nuages.
℞. FRIEDE AUF ERDEN. La Paix sacrifiant, à gauche. (*Trésor de num. et de glypt*. Méd. de la Révol. fr., LXXXIII, 10.) Etain. 38 mm. *FDC*. 3 »

524 — Méd. de Reich. Mars et Minerve.
℞. La Paix unissant la France et l'Allemagne. (*Trésor de num. et de glypt*. Méd. de la Révol. fr., LXXXIV, 2.) Etain. *FDC*. 5 »

525 — La Paix debout sur l'hémisphère.
℞. Enfant ailé autour duquel tourne un cercle portant les dates 1800 et 1801. (*Trésor de num. et de glypt*. Méd. de la Rév. fr., LXXXIII, 9.) 2 p. Etain et Br. *TB*. à 1 50

Marsal.

526 Prise de Marsal. Tête de Louis XIV, à droite; au dessous, J. MAUGER·F.
℞. PROTEI ARTES DELUSAE. Aristée enchaînant Protée. A l'exergue, en deux lignes. MARSAL·CAPT· M·DC·LXIII·. (Van Loon, IV, p. 129. — C. Monn., nº 667.) Br. 41 mm. *FDC*. 5 »

Metz.

CHARLES LE CHAUVE

527 Denier. + GRATIAD—IIIX. Dans le champ, le monogramme.
℞. + METTIS CIVITAS. Croix pattée avec un globule dans le premier canton. (Robert, Nord-Est, XIII, 2. — C. Rob., 396, fr. 190.) *B*. 35 »

Metz (Evêché).

THIÉRI I (963-984).

528 Denier. Avers illisible
℞. IM-PRTAVL. Croix cantonnée des lettres OTTO. (Robert, évêque, p. 9, 1. — C. Rob., nº 415.) Mal frappé. 1 50

ADALBÉRON II (984-1004).

529 Denier. + ADELBERO. Temple à trois pignons.
℞. + IMPERATOR. Croix pattée. OTTO dans les cantons. (Rob., 13, 1.) *AB*. 3 » *B*. 8 »

529 *bis*. Obole aux mêmes types et légendes. Mal frappé. 1 50

530 Denier. Mêmes types et légendes qu'au n° 529 avec + ADELBEROPV. (Rob., 15, 2.) *B*. 5 »

THIÉRI II (1004-1046).

531 Obole. + DEODERICVS. Croix pattée avec un petit globule dans chaque canton.
℞. + HEINRICVS REX. Temple. (Rob., 19, 1.) Mal frappé. 2 »

532 Denier. + DEO(DERICVS...) Croix pattée avec un petit globule dans chaque canton.
℞. (+ D)EODERICV(S...). Temple tétrastyle. (Rob., 20, 4. — C. Rob., 1178, 119 f.) Mal frappé. 40 »

533 Denier. ✠ DEODERICVS EPS. Croix avec un petit globe dans chaque canton.
℞. ✠ HEINRRICVS REX. Temple. (Rob., 20, 1.)
B. 6 »

534 Denier. ✠ DEODERICVS PRESV. Croix pattée cantonnée de quatre globes.
℞. + HINRICVS REX MET. Temple. (Rob., 21, 1.) Mal frappé. 2 »

535 Denier. Même pièce que précédemment avec PRESVL. (Rob., 21, 2.) Mal frappé. 3 50

536 Denier. Même pièce que précédemment avec HΞNRICVS RX MET. (Rob., 22, 4.) Mal frappé. 3 »

537 Denier. (DEOD)ERICV(S EPS). Tête de profil, à gauche, cheveux hérissés, devant laquelle une crosse.
℞. + METTIS CIVITAS. Croix cantonnée de quatre globules. (Rob., 23, 1.) Mal frappé. 6 »

538 Denier. + DEODERICVS T. Croix cantonnée de quatre globules.

℟. MEDIOMATRICVM. Temple pentastyle à fronton rond. (Rob., 26, 1.) *AB.* 6 »

539 Denier. (+ DEODERIC)VS P'. Croix pattée avec quatre globules.
℟. METTIS en deux lignes, dans le champ. (Rob., 32, 3.) *AB.* 6 »

540 Denier. (DEOD)ERICV(S). Croix pattée.
℟. (...PE) TRVS en deux lignes horizontales. (Rob., 35, 3.) Mal frappé. 16 »

ADALBÉRON IV (1103-1115).

541 Atelier de Rimling. Denier. *RIMVLIGIS. Croix pattée cantonnée de quatre étoiles.
℟. Buste de saint Etienne, à droite. (Rob., 69, 2.) *B.* 12 »

ÉTIENNE DE BAR (1120-1163).

542 Atelier d'Epinal. Grand denier. Croix.
℟. SPINAL. Edifice. (Rob., 87, 1. — C. Rob., 1688.)

543 — Petit denier à la croix et à l'édifice. (Rob., 88, 4.) *B.* 2 »

544 Atelier de Metz. Croix et buste de saint Etienne, à droite. (Rob., 93, 3.) *B.* 3 »

545 — Croix et buste de saint Etienne tenant les bras élevés. (Rob., 97, 2.) *AB.* 2 »

FRÉDÉRIC (1171-1173).

546 Denier. Buste de l'évêque, à gauche.
℟. Croix. (Rob., 107, 1. — C. Rob., 534.) *B.* 6 »

THIÉRI IV (1173-1179).

547 Denier aux types précédents. (Rob., 109, 1.) *AB.* 5 »

BERTRAM (1179-1212).

548 Denier. BERTRANN'. Buste de profil, bénissant à gauche.
℟. METENSIS. Main divine sur une croix. (Rob., 111, 1.) Arg. *B.* 1 »

549 Autre avec un petit globe derrière la tête du prélat. (Rob., 113, 1.) *B.* 1 »

550 Autre avec une rosace ou un croissant derrière la tête. (Rob., 113, 3 et 4.) 2 var. *B.* à 1 50

551 Autre avec un point dans le 1er canton de la croix, aucun signe à l'avers. (Rob., 113, 1.) *B.* 1 25

552 Autre avec un point dans le 2e canton. (Rob., 114, 2.) *AB.* 1 »

553 Autre avec un point dans chacun des deux premiers cantons de la croix. (Rob., 114, 4.) *B.* 1 »

554 Autre avec un annelet au 2e canton de la croix. (Robert, 114, 6.) *B.* 1 50

555 Autre avec un petit globe derrière le cou du personnage. Revers du n° 553. (Rob., 116, 2.) *B.* 1 50

CONRAD DE SCHARPHENECK (1212-1224).

556 Denier. COИRA DVS·. Buste mitré de profil, à gauche, et bénissant; derrière la tête trois globules.
℞. ME TE NS IS. Main divine sur une croix dont les branches coupent la légende. Au 2e canton on voit une étoile. *B.* 3 50

557 Autre avec CONRA RDVS et deux petits globes dans chacun des deux premiers cantons de la croix. (Rob., 119, 4.) *B.* 2 50

JEAN I (1225-1239).

558 Denier. IOHANNES. Buste mitré avec crosse, à gauche.
℞. METENSIS. Croix pattée cantonnée de deux étoiles et de deux croissants. (Rob., 130, 7.) *B.* 1 »

559 Autre avec un point derrière le buste et un petit globe dans chaque canton de la croix. (Rob., 130, 1.) *B.* 1 »

560 Denier de Vic? IЄI. Buste mitré avec crosse, à gauche; entre la crosse et la mitre, une étoile. Au dessous du cou, un petit globe.
℞. VIC... Croix pattée cantonnée de deux étoiles et de deux croissants (Rob., 134, 2 var.) *AB.* 3 »

JACQUES DE LORRAINE (1239-1260.)

561 Denier. IACOBVS. Buste mitré de profil, à gauche, tenant une crosse.

℞. METENSIS·. Croix pattée et cantonnée de deux étoiles et de deux croissants. (Rob., 138, 1 var.) *B.* 2 50

562 Autre pièce avec la plupart des lettres en cursives. (Rob., 139, 2.) *B.* 5 »

MONNAIES ANONYMES, XIIIe SIÈCLE

563 Moyen-Vic. Evêque en buste, à gauche, mitré et bénissant.

℞. MOIINVI. Croix. (Rob., p. 156. — C. Rob., 595.) *B.* 35 »

564 Marsal. Denier. Evêque en buste, à gauche, mitré et bénissant. Devant le visage une rosace et derrière la tête une étoile.

℞. ✠ MARSAVT, dans un grènetis. Croix pattée. *TB.* 8 »

565 — La même pièce avec la légende du revers entre deux grènetis. (Rob., 157, 2 var. — C. Rob., 597.) *TB.* 10 »

566 Epinal. Denier. Evêque mitré bénissant, à gauche; rose devant le visage.

℞. ✠·ES·PI·NAVS·. Croix pattée. (Rob., 158, 1.) *AB.* 3 » *TB.* 9 »

567 — Autre avec ·ESPI·NAVS. (Rob., 159, 3.) *B.* 8 »

568 Rambervillers. Denier. L'évêque en buste mitré, de face, regardant à gauche, tenant le livre et la crosse.

℞. ✠ RAM· BERVI ·L'·. Croix. (Rob., 162, 1.) *TB.* 15 »

569 Sarrebourg. Denier. L'évêque debout, à gauche.

℞. Ecusson chargé d'une crosse. (Rob., 163, 1, et 164, 2.) 2 var., mal frappées. à 1 50

BOUCHARD D'AVESNES (1282-1296).

570 Epinal. Denier. ·B· S PI·. Ecu au lion sur une crosse.

℞. NA V S. Buste de l'évêque, à gauche. (Exemplaire provenant de la collection de M. Eltz et cité par Robert, p. 165. Unique. *B.* 80 »

571 Marsal. Denier. BOV CAR DVS. Ecu précédent.
℞. ✠ MARSALLENSIS. Croix. (Rob., p. 166.) Très rare. *B.* 50 »

GÉRARD DE RHELANGES (1298-1302).

572 Denier. IE R AD. Buste de l'évêque, à gauche.
℞. DE MES. Croix. (Rob., 168, 2.) *AB.* 10 »

RENAUD DE BAR (1302-1316).

573 Denier. Buste de l'évêque mitré, à gauche, et bénissant.
℞. ·REGI(N' AV) ESkE dans un grènetis. Croix pattée, ayant au bout de ses bras des petits globes. Inédit. *AB.* 60 »

574 Denier. ·RE P̅S̅. L'évêque debout avec crosse et livre.
℞. ESPI NAVS. Epée en pal. (Rob., 171, 3.) *B.* 3 »

ADHÉMAR DE MONTEIL (1327-1361).

575 Demi-gros. ✠ ADEMARIVS ⁝ EPS. Evêque mitré vu à mi-corps, bénissant d'une main et tenant une crosse de l'autre.
℞. ✠ MONETA ⁝ METESI. Croix cantonnée d'un disque lunaire et d'une étoile. (Rob., 180, 3.) *TB.* 6 »

576 Denier. ·A· E PS. Evêque comme précédemment.
℞. METENSIS. Croix pattée cantonnée de deux étoiles et de deux croissants. (Rob., 180, 6.) *B.* 3 50

THIÉRI V BAYER DE BOPPART (1365-1384).

577 Gros. L'évêque debout, vu de face, tenant la crosse et bénissant de la main droite.
℞. Croix pattée coupant la légende. (Rob., 191, 1.) *FDC.* 3 »

578 Tiers de gros. L'évêque à mi-corps, comme précédemment.
℞. Croix coupant la légende. (Rob., 192, 2.) *FDC.* 8 »

RAOUL DE COUCY (1388-1415).

579 Marsal. Gros. Croix coupant la légende.
℞. Saint Etienne à mi-corps, au dessus d'un écu aux armes de Coucy. (Rob., 197, 2.) *B.* 12 »

580 — Angevine. Grand M gothique surmonté d'un trait d'abréviation et croix coupant la légende. (Rob., 200, 9.) *B.* 1 50

CHARLES I, cardinal de Lorraine (1550-1574).

580 *bis.* Ecu. ✠ CAROLVS ⁑ C ⁑ D ⁑ LOTHO ⁑ S ⁑ IMP ⁑ PRIN ⁑. Buste à droite, barbe longue.
℞. °*S∘STEPHANVS*° °*PROTHOMAR*°. Saint Etienne debout, à gauche, dans un double ovale, à ses pieds, la date 1558, sous laquelle un B, initiale du maître de la monnaie. (Rob., 212, 4.) *B.* 200 »

581 Ecu. ✠ CAROLVS ⁑ C ⁑ D ⁑ LOTHO ⁑ S ⁑ IMP ⁑ PRIN ⁑. Buste à droite, barbe longue.
℞. *S⁑STEPHANVS* PROTHOMAR *. Saint Etienne debout, à gauche, dans un double ovale, à ses, pieds, la date 1559, sous laquelle un B. (Rob., 212, 5 var.) *B.* 200 »

582 Bugne. S·STEPH PROTHO°. Saint Etienne agenouillé, à gauche, entre deux C, initiale du nom du prélat; au dessous, un B et un point.
℞. MON EPI MET ENS. Croix pattée cantonnée de quatre étoiles et coupant la légende. (Rob., 214, 5.) *B.* 3 »

583 Même pièce, mais sans les deux C. (Rob., 214, 6.) *B.* 2 50

584 Bugne aux mêmes types avec S STEPH METEN. (Rob., 214, 7 var., et 8.) 2 var. *B.* à 2 50

585 Même pièce avec METE. *AB.* 3 »

586 Double denier. * C.CARD·DE·LOTH· entre deux grènetis. Au centre, deux C entrelacés.

℞. SEXTA· ·SOLIDI· entre deux grènetis. Dans le champ, une crosse en pal coupant la légende dans le bas. (Rob., 216, 11.) *B.* 2 50

ROBERT DE LENONCOURT, cardinal (1551-1555).

587 Florin d'or. + FLORENVS * EPI * METENSIS. Ecu de Lenoncourt dans un encadrement de trois arcs et de trois ogives.

℞. ∘S∘STEPHA ∘PROTHOM'. Saint Etienne debout dans une ellipse. (Rob., 217, 1.) *B.* 80 »

588 Demi-bugne. S· STEP METE·. Saint Etienne à genoux, à gauche.

℞. RC·D LEN ONC OVRT. Ecu de Lenoncourt placé sur une croix pattée et coupant la légende. (Rob., 220, 10.) *B.* 1 50

589 Demi-bugne. S·STEPH METES. Saint Etienne à genoux, à gauche.

℞. MON EPI MET ENS. Croix pattée placée sur un écusson et coupant la légende. (Rob., 221, 11.) *AB.* 2 »

590 Bugne S STEPH ANVS·METEN· Saint Etienne à genoux, à gauche.

℞. R·C·DE LENONCOVRT 15 52. Ecu de Lenoncourt timbré du chapeau de cardinal. (Rob., 222, 14, 1551). *TB.* 4 »

591 Demi-bugne. + ·D·E·LENONCOVRT. Croix engrêlée de Lenoncourt.

℞. ⁝ IN*LABORE*QVIES. Chiffre du cardinal. (Rob., 222, 16.) *TB.* 15 »

592 Jeton. ✠ ROBERTVS*CAR*DE*LENONCOVRT. Buste du cardinal, la tête nue, vêtu du camail, à droite.

℞. + ∘❀∘IN∘❀∘LABORE∘❀∘QVIES∘❀∘1554∘❀∘. Ecu de Lenoncourt, timbré du chapeau de cardinal. (Rob., 224, 4.) C. *B.* 25 »

593 Le même jeton. Etain ancien. *B.* 5 »

CHARLES II DE LORRAINE

a) Évêque de Metz (1578-1607).

594 Médaille. ✝ CAROL·D·G·EPISC·METEN·DVX·LOTH·ET·B· entre un grènetis et un cercle. Buste imberbe du prélat, à droite, coiffé d'une toque.

℞. ✠ TV+MIHI+CHRI STE-SCOPVS·1585· dans un grènetis. Ecu de Lorraine, timbré d'une mitre et brochant sur une crosse ; de chaque côté de l'écu, une croix de Lorraine couronnée. (Robert, 232, nº 1.) Exemplaire de la coll. Robert. Br. doré. 35 mm. B. 80

b) Évêque de Metz et de Strasbourg (1593-1607).

595 Jeton. ✠ CAROL·D·G·CARD·LOTHA·EPISC·ARGENT·ET·METENS. Ecu écartelé surmonté du chapeau de cardinal et brochant sur une croix.

℞. ·VT·IN·COELO·METAT·SIC·SOLVM·COLIT. Vieillard appuyé sur une bêche regarde la Religion assise dans les nuages et lui présentant un calice. A l'exergue, 1600. (Engel et Lehr, 262. — C. Rob., 711. Cuivre.) Arg. *TB.* 80 »

596 Quart de thaler, s. d. ∗: CAROL·D:G·CARD·LOTH·EP·ARGENT·ET·MET. Buste, à gauche.

℞. ·ALSAS·LANGRA. Ecu écartelé, surmonté du chapeau de cardinal. *TB.* 4 50

597 Autre, avec CAROL·D:G·CARD·LOTH·EP·ARGENT·ET·MET·S· *FDC.* 5 »

598 Autre avec ‡ CAROL·D·G·CARD·LOTH·EP·ARGENT·ET·MET· et au dessous du buste, 1603. *B.* 3 »

599 Autre avec + CAROL·D:G·CAR·LOTH·EP·ARGENT ET·MET. *TB.* 4 »

600 Même pièce avec ❀ CAROL·D:G·, etc. et la date 1604. *FDC.* 5 »

601 Même pièce de 1605. *FDC.* 5 »

602 Même pièce avec ARD au lieu de CARD. *B.* 3 50

603 Autre, avec CAROL·D:G·CARD·LOT·HE·PAR·GNT·ET·MET et ·ALSAS L·ANGR·A· *TB.* 4 »

604 Trois kreutzer de 1600. *B.* 5 »

605 Même pièce de 1602. *B.* 1 50

606 Variété en cuivre *B.* 1 »

607 Autre de 1604. *AB.* 1 »

608 Autre de 1606. *B.* 4 »

609 Kreutzer. ❀ CAROL·CARD·LOTH·EP·ARG·A·L. Ecu écartelé.

℟. RVDOL·II·RO·IMP·AVG·P·F·DEC. Aigle biceps couronné. (Engel et Lehr, n° 258, pl. 28, fig. 2. — C. Monn., n° 1376.) Très rare. 25 »

HENRI DE VERNEUIL (1621-1652).

610 Vic. Bugne. HENRI·D·G·EPVS·METENSIS. Ecu de bâtard de France, couronné et surmonté d'une mitre et d'une crosse.

℟. MONETA·NOVA·VICENSIS. Au centre, la lettre H couronnée. (Rob., 236, 4.) *B.* 6 »

611 Jeton. HENRIC·BORBONIVS·EPISC·MET·S· R·I·PR. Ecu de bâtard de France, couronné et surmonté d'une crosse et d'une mitre qui coupent la légende.

℟. ❀ NICOL·COEFETÆO·EPISC·DARDAN·ADMINISTRATĒ. Ecu de Nicolas Coeffeteau surmonté d'une mitre et d'une crosse ; aux côtés de l'écu, le millésime 16 20. (Rob., 238, 2.) C. *AB.* 16 »

GEORGES D'AUBUSSON DE LA FEUILLADE (1682-1697).

612 Jeton fr. par le chapitre de la cathédrale. + SANCTVS·STEPHANVS·PROTOMARTIR. Buste de saint Etienne, à gauche.

℟. *G·DAVBVSSON·EPVS·MET·CAPIT·ADMI·SEDE·QVASI·VAC. Ecu d'Aubusson surmonté d'une couronne ducale, de la croix épiscopale et du chapeau d'évêque. Dans le bas, la croix du Saint-Esprit séparant 1696. (Rob., p. 241.) C. *B.* 25 »

SIÈGE VACANT DE 1697.

613 Avers précédent.

℟. *CAPITVLO·METEN·ADMINIST·SEDE·VACANTE

Cartouche aux armes du chapitre, coupant la date, 16 97. (Rob., 242, 2.) *B.* 8 »

P.-G.-M DU PONT DES LOGES (1843-1886).

614 Méd. d'Ad. Bellevoye, graveur messin. Buste de l'évêque, à gauche, et ses armes. Br. 54 mm. *TB.* 8 »

CHAPITRE DE LA CATHÉDRALE

615 Sarrebourg. Denier. S PAVLVS. Buste du saint, à droite. ℞. ·SAREBVRG. Croix pattée. (Rob., 244, 2.) *AB.* 5 »

616 — Denier au buste de saint Paul, à gauche, et croix pattée. (Cf. Rob., 244, 4.) *B.* 4 »

Metz (Cité).

617 Florin d'or. ·S'·STEPHANVS* PROTHOMAR'. Saint Etienne debout, nimbé, tenant un caillou et une palme, dans un double contour elliptique.
℞. ✠ *FLORENVS*CIVITATIS * METENSIS*. Ecu de Metz dans une épicycloïde ornée d'ogives et de tréfeuilles. (Saulcy, Cité, I, 101 var.— C. Rob., n° 739.) *FDC.* 32 »

618 Florin d'or aux mêmes types. (C. Rob., 747.) *TB.* 13 »

619 Florin d'or aux mêmes types, avec la date 1631. *TB.* 26 »

620 Florin d'or aux types du n° 618 imité par Herman-Frédéric, seigneur de s'Heerenberg. *B.* 36 »

621 Gros au saint Etienne debout. (Saulcy, II, 1.) *TB.* 6 »

622 Gros au saint Etienne à genoux. (Saulcy, II, 4[d].) *TB.* 2 »

622 *bis.* Même gros avec des annelets au bout des bras de la croix. *B.* 3 »

623 Même gros avec des étoiles au bout des bras de la croix et une étoile dons l'O de Grossus. (C. Rob., 761.) *AB.* 1 50

624 Gros aux mêmes types avec ∘S∘STEPHA∘ ∘*PROTHO *M et BIDICTV∘SIT∘NOMEN·DNI∘NRI∘IhV∘X—GROSSV S *M ETE. *TB.* 5 »

625 Gros aux mêmes types, mais lettres plus modernes. (C. Rob., 770.) 2 var. *B.* à 3 »

626 Demi-gros de 1648 et 1652. (C. Rob., 780 et 781.) *B.* à 1 »

627 Bugne. 2 var. dont une contremarquée d'un alérion. (C. Rob., 782 et 785.) *B.* à 1 »

628 Double denier au chef de saint Etienne. (C. Rob., 793.) *TB.* 2 »

629 Denier. METTIS dans les cantons d'une croix et tête. (C. Rob., 735.) Fr. 2 »

630 Angevines. (C. Rob., 798 et 802.) *B.* à 1 »

631 Bractéate. **MЄTЄNSIS** autour d'un écu aux armes de Metz. (Saulcy, III, 1.) Très rare. *B.* 20 »

632 Ecu au saint Etienne, en buste, et à l'écu, de 1638. (C. Rob., 816.) *TB.* 14 »

633 Testons au saint debout, de 1592 et 1598. *TB.* à 5 »

634 Francs au bustes du saint, de 1616, 1619, 1641, 1642 et de 1659. *B.* à 3 »

635 Liards de 1587, 1592, 1623, 1648, 1656, 1657 et 1661. *B.* de » 50 à » 75

MAITRES ÉCHEVINS

636 Abraham Fabert. — ABR·FABERT·M·ESHEVIN. Hercule debout.
℞. MONETA·NOVA·METEN. Ecu ovale de Metz sur un cartouche ; à l'exergue, 1624. (Robert, *Maîtres échevins*, II, 4.) Exemplaire troué. Arg. *B.* 30 »

637 Bernard de Pellart de Givry. — Jeton de très petit module. B·DE·GIVRY·M·ESCHEVIN·DE·METZ. Ecu de Metz sur un cartouche ; au dessous, 1675.
℞. SEMPER·IN·EXCVBIIS·. Ecu de Givry surmonté d'une couronne et soutenu par deux lions. (Rob., *Ibid.*, IV, 7.) Arg. *TB.* 35 »

637 *bis.* Jeton de 1677. (Rob., *Ibid.*, IV, 8.) C. r. *B.* 15 »

638 Thomas de Bérard. — Jeton de 1678 aux armes de la ville et à celles de Bérard. (Rob., *Ibid.*, III, 6.) C. r. *B.* 3 »

639 Henri Poutet. — Jeton de 1683 aux armes de la ville et à celles de Poutet. (Rob., IV, 9.) C. r. et j. *B.* à 4 »

640 Variété du précédent avec la date 1686. (Rob., IV, 12.) C. r. *TB.* 6 »

641 Louis-Fr. Jeoffroy. — Jeton de 1690. Ville de Metz surmontée de l'écu de la cité et ses armes. (Rob., V, 3.) C. r. Troué. *B.* 8 »

642 Pierre de Rissan. — Jeton, 1700. Ville de Metz surmontée de l'écu de la cité et ses armes. (Rob., V, 8.) Arg. *FDC.* 25 »

DOMINATION FRANÇAISE

643 Médaille. Campagne de 1552. HENRICVS·II·GALLIARVM·REX·INVICTISS·P·P. Buste du roi, à dr.
℞. OB RES IN ITAL·GERM·ET·GAL·FORTITER AC FOELIC·GESTA S. La Victoire et l'Abondance dans un quadrige conduit par la Renommée; à l'exergue, EX VOTO PVB 1552. (*Trésor de num. et de glypt.*, méd. fr., XII, 1. — Van Mieris, III, 314, 1.) 54 gr. *B.* 15 »

644 La même médaille du temps, contremarquée d'un C couronné. (C. Rob., 925.) Br. *B.* 35 »

645 Médaille. Mêmes évènements. HENRICVS·II·FRANCOR REX·INVICTISS9·P·P. Buste du roi, à droite.
℞. TE·COPIA LAVRO·ET·FAMA·BEARVNT. La Victoire et l'Abondance dans un quadrige conduit par la Renommée; à l'exergue, NVIA. (Van Mieris, III, 314, 3.) Br. doré. *B.* 55 »

646 Jeton du Conseil du roi. Faisceau d'armes dont sortent deux étendards portant l'un une citadelle, l'autre LOTO. Dans le bas, 1556. (C. Monn., 1159.) C. *B.* 4 »

647 Jeton. CIVITAS·METENSIS·NB (Nicolas Briot). Ecu de la cité de Metz dans une couronne. A l'exergue, 1608·.
℞. HENRICVS·IIII·FRAN CORVM·ET·NAVA·REX. Ecus accolés de France et de Navarre, sous une couronne. (Robert, *Maîtres échevins*, VI, 1. — *Revue belge*, 1894, p. 41, nº 70.) C. j. *B.* 10 »

648 Jeton. Variété de la pièce précédente avec la date 1610.

(Neum., 30979. — Robert, *Ibid.*, VI, 2. — *Revue belge*, 1894, p. 42, n° 73.) C. r. *B.* 10 »

649 Cour du Parlement. Jeton. LVD·XIIII·D·G· F·ET·NAV·REX·. Buste jeune du roi, à droite.

℞. IECT·DE·LA·COVR·DE· PARLEMENT·DE·METZ. Ecu de France sous une couronne. (Robert, *Ibid.*, VI, 6.) C. *AB.* et contremarqué d'un R couronné. 4 » *B.* 6 »

650 J.-Louis Nogaret de la Valette, duc d'Epernon, gouverneur de Metz. ❀ I·LOYS·D·LAVALLETE·D·DES PERN·P[R] COLL·GNAL·D·FRAN. Ecu de Nogaret surmonté d'une couronne et entouré du cordon de l'ordre de Saint-Michel et du Saint-Esprit.

℞. INTACTVS·VTRINQVE. Paysage dans lequel on voit un lion entre la Ruse représentée par un renard et la Furie tenant deux torches. A l'exergue, 1607. Jeton réduit de la médaille de G. Dupré. (Blanchet, jetons du duc d'Epernon et de sa famille, n° 4.) C. *B.* 25 »

651 Jeton relatif au baptême du fils de M. de Caumartin, intendant de Metz, 1754. (C. Rob., 935 et 937.) 2 var. C. *TB*, à 3 »

652 Prix de l'Académie de Metz. Buste du duc de Belleisle, à gauche; au dessus, J. C. Röettiers f.

℞. CH·LOUIS AUG·FOUCQUET DUC DE BELLEISLE PAIR ET MARECHAL DE FRANCE, MINIS·ET·SECR·D'ETAT ET DE LA GUERRE GOUV·GEN·DES EVECHÉS & FONDATEUR DE LA SOCI·ROIALE DES SCIENCES ET DES ARTS, DE METZ 1760. (Robert, *Maitres échevins*, p. 84.) Br. *FDC.* 10 »

653 Académie de Metz. Jeton de présence. Buste du duc, à gauche ; au dessous, J. C. R.

℞. UTILITATI PUBLICÆ. Trois Génies debout : les Fortifications ; la Décoration intérieure de la ville et les Arts de premier besoin. A l'exergue, FUNDATUR METIS M·DCC·LX·. (*La France littéraire*, Paris, 1769, t. I, p. 100. — Rob., *Ibid.*, VI, 8.) Æ. *B.* 12 »

654 Même jeton. Refrappe. Br. *TB.* 0 75

655 Loge maçonnique. Jeton de présence. Tête de Minerve, mains enlacées et trois triangles entre deux rameaux.
Rʟ. Dans le champ, ☐ DE LECOLE DE·LA SAGESSE ET DU TRIPLE ACCORD REUNIS O.·.DE.METZ.·. — J.D.P.·.V.·.DE L.CENT.5785.·. (Jacob, *Catalogue*, p. 124, nº 7. C. Rob., 921.) Pièce coulée. C. *B.* 18 »

656 Cours industriels. Plaque. S. d. (C. Rob., 922.) C. troué. *B.* 3 »

657 Voyage de Charles X au département de la Moselle, 1828. Méd. de Michaut. (Jacob, *Catalogue*, p. 131, nº 16.) Br. *FDC.* 4 »

658 Louis-Philippe visite les départements de l'Est, 1831. Méd. de Borrel. Br. *FDC.* 2 50

659 Exposition de 1849. Académie nationale. Méd. de Brenet, décernée à la manufacture de velours et de peluche en soie, Nanot et Cie, de Sarreguemines. 64 gr. 49 mm. *FDC.* 18 »

660 Collège Saint-Clément. Méd. de L. Penin, graveur lyonnais. Br. *FDC.* 3 »

661 Comice agricole. Méd. de H. de Longueil, décernée à Mlle Véry. Tête de Napoléon III, à gauche.
Rʟ. Couronne. Br. *TB.* 2 »

662 Exposition universelle en 1861. Méd. commémorative de C. Bouvet. Les têtes de l'empereur et de l'impératrice, à droite.
Rʟ. Armes de la ville de Metz. (Jacob, *Catalogue*, p. 137, nº 12, or.) 21 gr. 36 mm. *FDC.* 6 »

663 — La même, d'un module plus grand. 51 gr. 45 mm. *FDC.* 20 »

664 — La même pièce. (Jacob, *Ibid.*, nº 13.) Br. *FDC.* 10 »

665 — Méd. de Caqué. Tête de l'empereur, à gauche.
Rʟ. Couronne de laurier. Dans le champ, EXPOSITION DE METZ 1861. 39, 5 gr. 41 mm. *FDC.* 7 »

666 — La même médaille. Br. *FDC.* 3 »

667 Société coopérative. 50 et 10 centimes. — Marque de chien aux armes de la ville. C. et Etain. *FDC.* à » 75

ANNEXION A L'ALLEMAGNE

668 Désastres de 1870-1871. Méd. de Weigand. Tête de Guillaume, à droite, et cinq soldats debout autour d'un drapeau. (Cat. van Peteghem, 1870-1871, n° 677). Etain. 45 mm. *FDC.* 2 »

669 — Méd. non signée (de Drentwett?). Tête de Guillaume I. ℞. La « Germania » debout devant Metz et Strasbourg. Etain. 41 mm. *FDC.* 2 »

670 — Méd. de L. Lauer. La Germania et légende dans une couronne. Etain. 40 mm. *FDC.* » 50

671 — Petites médailles. 3 p. C. et fer. *TB.* à 1 50

672 Ligue des patriotes. Jeton, 1882. C. *B.* » 50

673 Visite de Guillaume II et de sa femme, 1889. Méd. de O. Oertel, graveur berlinois. Leurs bustes, à gauche, et les armes de Strasbourg et de Metz entourées de légendes. 28 gr. 38 mm. *FDC.* 12 50

674 — Pièce presque semblable, d'un module plus petit. 12 gr. 28 mm. *FDC.* 4 50

675 Jetons de brasserie et de chapellerie. C. 3 p. à » 25

MONNAIES FRANÇAISES FRAPPÉES A METZ

LOUIS XIV

676 Double louis d'or, 1693. Croissant. Tête, à droite. ℞. Quatre lis couronnés posés en croix avec quatre L dans les angles. Au centre, AA. (Hoffm., 32.) *TB.* 65 »

676 *bis.* Demi-écus aux palmes, 1694, 1695 et 1699. Croissant. (Hoffm., 141.) *B.* à 4 »

677 Pièce de 10 sols tournois de 1705 et 1707. Croisette. (Hoffm., 169.) *B.* à 1 50

678 Pièces de 30 deniers, 1710, 1711 et 1713. Grenade et rosace. (Hoffm., 222.) *B.* à 1 25

679 Pièce de 15 deniers, 1713. Rosace. (Hoffm., 224.) *B.* 2 »

680 Liard de 1697. (Hoffm., 244.) *B.* » 50

681 Pièce de 2 deniers, 1708. (Hoffm., 246.) *B.* 4 »

LOUIS XV

682 Louis d'or au bandeau, 1744. Rosace. (Hoffm., 19.) *FDC.* 32 »

683 Ecu dit Vertugadin, 1716. Gonfanon avec trois annelets. (Hoffm., 27.) *B.* 12 »

684 Ecu de Navarre, 1718. Gonfanon avec trois annelets. (Hoffm., 34.) *TB.* 10 »

685 Dixième d'écu de Navarre, 1718. Gonfanon avec trois annelets. (Hoffm., 37.) *TB.* 2 50

685 *bis*. Sixième d'écu, 1722 (trèfle). (Hoffm., 43.) *TB.* 2 »

686 Seizième d'écu aux huit L, 1725. O. (Hoffm., 49.) *B.* 12 »

687 Cinquième d'écu aux lauriers, 1727. O. (Hoffm., 52.) *AB.* 2 50

688 Dixième d'écu aux lauriers, 1730. O. (Hoffm., 53.) *B.* 2 »

689 Pièce de 12 sols, 1748. Rosace. (Hoffm., 60.) *TB.* 1 50

689 *bis*. Pièce de 12 sols, 1769. Croissant. (Hoffm., 60.) *B.* 1 50

690 Pièce de 6 sols, 1769. Croissant. (Hoffm., 61.) *TB.* 1 50

691 Double sol de 1739. Rosace. (Hoffm., 68). *TB.* 1 »

692 Sol de 1719 sur grand flan, frappé au nom de la Compagnie des Indes sous la direction de Jean Law. (Hoffm., 71.) *B.* 2 »

693 La même pièce, plus petite, de 1720. *FDC.* 1 »

694 Demi-sol, 1720. (Hoffm., 72.) *AB.* » 50

695 Sol, 1774. Croissant. (Hoffm., 77.) *Fr.* » 75

696 Demi-sols, 1770, 1772 et 1774. Croissant. (Hoffm., 78.) *AB.* à » 40

697 Liards, 1770 et 1774. (Hoffm., 79.) *B.* à » 50

LOUIS XVI

698 Double louis d'or aux écus de France et de Navarre, 1788 Grenade. (Hoffm., 5.) *FDC.* 65 »

698 *bis*. Ecu de six livres, 1791. Grenade. (Hoffm., 11.) *TB*. 9 »
699 Dixième d'écu, 1779. Croissant. (Hoffm., 15.) *FDC*. 1 50
700 Sols, 1780 et 1783. Croissant. (Hoffm., 17.) *B*. à » 50
701 Sols, 1786 et 1791. Grenade. *B*. à » 50
702 Demi-sols, 1786 et 1787. Grenade. (Hoffm., 18.) *B*. à » 50
703 Liard, 1782. Croissant, et 1786. Grenade. (Hoff., 19.) *B*. à » 50
704 15 sols, 1791. Grenade. (Hoffm., 65.) 2 var. *B*. à 2 »
705 2 sols, 1792 et 1793. Grenade. (Hoffm., 70.) *B*. à » 50
706 12 deniers, 1791. Grenade. (Hoffm., 72.) 2 var. *B*. à » 50

RÉPUBLIQUE

707 Ecu de 6 livres, 1793. Grenade. *TB*. 9 »
708 2 sols, 1793. Grenade. *B*. 1 50
709 Sol, 1793. Grenade. 2 var. *B*. *FDC*. à 1 »
710 Un décime, an 8. Figure debout et casque. *TB*. 1 »
711 Cinq centimes, an 8. *B*. » 50

Montmédy.

712 Prise de la ville, 1657. Jeton s. d. (C. Monn., 623. — Dugn., 4114.) C. r. et j. *B*. à » 75
713 — Jeton du conseil du roi, 1658. Trois plantes de lis sur la forteresse. (Van Loon, II, p. 412. — Dugn., 4118.) Arg. *TB*. 6 »
714 — Même pièce. C. j. *TB*. 1 50

Mouterhausen, près Sarreguemines (Forges).

715 Jeton octog. de Caqué. Br. *FDC*. 2 »

Nancy.

Jetons de l'Hôtel de Ville.

716 ✠ + NVL + NE + SY + FROTE +. Cartouche aux armes de Nancy.
℞. Le jugement de Pâris. (Quintard. Jetons de l'Hôtel de Ville de Nancy, 3.) C. *B*. 5 »

717 IECT·DE·LA·VILLE·DE·NANCY· ou NANCI. Ecu ovale aux armes de Lorraine, dans un cartouche couronné.

℞. ‡ DA·PACEM·DNE·IN·DIEBVS·NRIS. Vue de la ville fortifiée. (Quint., 1 et 2.) C. j. *B.* à 1 50

718 ‡ IECT·DE·LA·CHAMBRE·DE·VILLE·DE·NANCY. Vue de la ville.

℞. NON·INVLTVS·PREMOR·1617. Cartouche aux armes de Nancy, sous une couronne. (Quint., 5.) C. j. *B.* 2 »

719 GECT.DE.LA.CHAMB:DE VILLE.DE.NANCY. Vue de la ville.

℞. NON ❀ INVLTVS PREMOR ❀ 1634. Cartouche aux armes de Nancy. (Quint., 10.) C. j. *B.* 2 »

720 Avers précédent, mais à l'exergue I·R·F (Jean Racle).

℞. NON‡INVLTVS PREMOR‡1635. Cartouche précédent. (Quint., 11.) C. j. *B.* 3 »

721 Avers du n° 719.

Revers précédent avec la date 1643. (Quint., 15.) C. j. *TB.* 2 »

722 Avers du n° 719.

℞. GECT·DE·LA·CHAMBRE·DE·VILLE·DE·NANCY· 1660. Cartouche aux armes de Nancy. (Quint., 20.) C. j. *AB.* 1 50

723 GECT·DE·LA·CHAMB^RE DE·VILLE·DE·NANCY. Cartouche aux armes de la ville surmonté de la date 1663.

℞. CAROLVS·D·G·DVX·LOTH·MARCH·D·C·B·G. Le duc à cheval, à gauche. (Quint., 22.) C. r. et j. *B* à 2 »

724 Avers précédent.

℞. CARO·IIII·D·G·LOTH·M·C·B.G·DVX. Buste du duc, à droite; au dessous les initiales du graveur J. Racle. (Quint., 23.) C. j. *B.* 2 »

725 Même pièce, avec CAROLVS·IIII·D·G·DVX·LOTH·MAR·C·B·G et sans nom de graveur. (Quint., 24.) C. j. *AB.* 2 »

726 GECT·DE·LA·CHAM·DE·VILLE·DE·NANSY. Ecu à la bande surmonté d'une couronne, entre les fleurons de laquelle, 1668.

Revers du n° 723. (Quint., 26.) C. j. *AB.* 2 »

727 GECT·DE·LA·CHAMBRE·DE·VILLE·DE·NANCY. Cartouche aux armes de Nancy; au dessous, 1669.
Revers du n° 725. (Quint., 27.) Arg. *FDC.* 20 »

728 Même pièce. C. r. *TB.* 2 »

729 Avers du n° 719.
℞. NON ‡ INVLTVS ‡ PREMOR ‡ 1674. Cartouche aux armes de Nancy. (Quint., 28.) C. r. *B.* 2 »

730 Même pièce, sans date et NON·INVLTVS PREMOR ‡. (Quint., 29.) C. r. *TB.* 2 »

731 ·IETTON·DE·LA· CHAMB·DE·LHOTEL·DE·VILLE·DE·NANCY·. Vue de la ville.
℞. ‡ ❀ NON · INVLTVS ❀ ‡ · ❀ · ‡ ❀ PREMOR ❀ ‡. Cartouche aux armes de la ville; au dessous, 16❀98. (Quint., 30.) C. r. *FDC.* 10 »

732 Même pièce. C. argenté. *B.* 5 »

733 GECT·DE·LA·CHAMB: DE VILLE·DE·NANCY. Vue de la ville.
℞. ‡IECT·DE·LA·CHAMB·DE·VILLE·DE·NANCY·1699. Cartouche aux armes de Nancy. (Quint., 31.) C. r. *B.* 1 »

734 IECT DE LA CHAMBRE DE VILLE DE NANCY. Vue de la ville; au dessous, 1702.
Revers précédent. (Quint., 32.) Arg. *TB.* 25 »

735 IETTON·DE·LA·CHAMBRE·DE·VILLE·DE·NANCY. (Alérion.) Vue de la ville.
℞. ❀ NON·INVLTVS·PREMOR ❀. Cartouche aux armes de Nancy, coupant par le bas, 17 08. (Quint., 33.) C. r. *B.* 1 50

736 Même pièce, avec la date 1723. (Quint., 34.) C. r. *FDC.* 3 »

737 Variété de la pièce précédente, avec 1729, 1733, et sans date. (Quint., 35, 36 et 37.) C. r. *TB.* à 1 50

738 Avers du n° 723, avec la date 1655.
℞. DE·LINTEND^CE^ ·DE M^R^ LE·IAY·M^E^ DES·REQ^S^. Ecu couronné aux armes de Ch. Le Jay, chlr., baron de Tilly, Saint-Fargeau, etc., intendant de justice, police et finances. (Quint., 1.) C. r. *TB.* 6 »

739 Avers du n° 735.

℞. Cartouche couronné aux armes de Nic.-Jos. Lefebvre, président de la cour souveraine de Lorraine. (Quint., 7.) C. r. *B.* 3 50

740 Avers du n° 735.

℞. Cartouche cimé aux armes accolées de M. L. Saulnier, lieut.-gén. au bailliage et prévôt de Nancy, et de son épouse, J. Thibault. Au dessous, 1727. (Quint., 11.) C. r. *B.* 4 »

741 Avers du n° 737, avec la date 1729.

℞. Cartouche couronné aux armes accolées de L.-Chr. Maimbourg, conseiller à la cour souveraine de Lorraine, et de sa femme, Thérèse de Le Febvre. (Quint., 10.) C. r. *B.* 6 »

742 Avers pareil au revers du n° 737.

℞. Ecu d'A.-H. de Rosset, duc de Fleury, gouv. de Lorraine et du Barrois. Jeton gr. par Nicole père et frappé en 1755. (Quint., 16.) C. j. *B.* 2 »

743 Avers précédent.

℞. Cartouche aux écus accolés d'Ant. de Chaumont de la Galaisière fils, intendant de Lorraine, et de son épouse, née Bergeret. Ce jeton a été frappé en 1759. Très rare. Arg. *TB.* 40 »

744 Le même. (Quint., 14.) C. r. *AB.* 1 » *B.* 3 »

745 Stanislas. Méd. de Saint-Urbain. Fondation de la maison des missions royales, 1739. Tête, à gauche, et vue du séminaire. (C. Monn., 911.) Br. *B.* 5 »

746 — Société roy. des Sciences et Belles-Lettres. (Académie de Stanislas.) Jeton de J.-C. Roettiers, graveur à Nancy, 1753. (Cz., 2733. — C. Monn., 909.) Arg. *FDC.* 20 »

747 Erection de la statue de Louis XV sur la place royale de Nancy, 1755. STANISLAUS·I·D·G·REX·POL·MAG·DUX LIT.LOTH·ET·BAR. Tête, à gauche; au dessous, A·M·S·V· (Anne-Marie de Saint-Urbain).

℞. UTRIUSQUE IMMORTALITATI. Statue du roi Louis XV, sur un socle, au pied duquel sont assises la

Justice et l'Histoire. A l'exergue, CIVITAS NANCEIANA MDCCLV. (Cz., 2734.) Très rare. 66 gr. 50 mm. *TB.* 50 »

748 Même pièce. (C. Monn., n° 910.) Br. *TB.* 6 »

749 Même pièce. Plomb. *B.* 1 50

750 Académie de Stanislas. Jeton pour les membres de la Société, gravé vers 1850, par Borrel, et imité du n° 746. Br. *FDC.* 4 »

751 Chambre de commerce, 1855. Méd. de Borrel. Place Stanislas et armes de la ville. 16 gr. 34 mm. *FDC.* 6 »

752 Centenaire de la réunion de la Lorraine et du Barrois à la France, 1866. Jeton creux. C. 20 mm. *B.* » 50

753 Concours agricole régional. Méd. de Barre, 1869. Tête de Napoléon III.
℞. Couronne et légende. 38 gr. 41 mm. *FDC.* 10 »

754 Inauguration de la statue de J. Callot, 1877. Jeton. C. *B.* » 50

755 Inauguration de la statue de Thiers, libérateur du territoire. Méd. de Goulon, graveur nancéen. A bélière. 9 gr. 27 mm. *FDC.* 2 »

756 — Même pièce. *FDC.* » 50

757 — Trois pièces variées relatives au même évènement. C. *TB.* à » 50

758 Voyage du président Carnot, 1892. C. *FDC.* » 40

Neufchâteau.

759 Denier au saint Pierre et à l'édifice crénelé. (C. Rob., 1700.) *B.* 1 50

Phalsbourg et Lixheim.

760 Henriette de Lorraine. Double tournois, 1633 et 1634. (P. A., 6272.) *B.* à 1 25

761 — Double tournois au lambel, 1634. (P. A., 6274.) *TB.* 3 »

Plombières.

762 Concours de tir, 1869. Méd. de Caqué. Br. 37 mm. *FDC.* 2 »

Remiremont (Abbaye).

763 Denier au saint Pierre et à la Croix. (C. Rob., 1680.) B. 3 »

Rustroff, près Sierck.

764 Méd. de pèlerinage à N.-D. des Douleurs, éditée chez P.-J. Camus, libraire à Paris, vers 1870. Br. *FDC.* » 50

Saint-Dié.

765 Douzième centenaire à la mémoire de saint Déodat, évêque fondateur. Méd. éditée chez Hadin, à Paris. C. *TB.* 1 »

Saint-Nicolas-Varangéville (Salines).

766 Compagnie des salines de l'Est. Jeton, s. d., de Droz et de Tiolier, au buste de Napoléon I. (Millin, 304 et 305.) Arg. octog. *B.* à 6 »

766 *bis.* — Jeton, 1814 et s. d. (2 var.), au buste de Louis XVIII. Arg. octog. 3 p. *B.* à 6 » *AB.* 5 »

767 — Variété, sans date, du jeton précédent. Ministère du duc de Gaete. Arg. *AB.* 5 »

768 Jeton en rectangle à pans coupés, s. d. (vers 1854). 19 gr. *FDC.* 8 »

Salm (Comté).

JEAN IX, COMTE DE SALM, BARON DE VIVIERS,
grand maréchal de Lorraine, gouverneur-capitaine de Nancy.

769 Jeton, 1577, à son buste et à ses armes. C. (Quint., IV, 4.) *B.* 26 »

FRANÇOIS II DE LORRAINE

Atelier de Badonvillers.

770 Teston. ☩FRANC·II·D·G·DVX·LOTH·MARCH·D·C·B·G·. Buste, à droite.

℞. MONETA·NOVA·BA·CVSA·. Ecu de Lorraine surmonté d'une couronne, entre les fleurons de laquelle sont placés les chiffres de la date 1626. (De Saulcy, Lorraine, XXVI, 2 var. — C. Monn., 579.) *B.* 30 »

771 Autre avec ☩ FRANC·D:G·DVX·LOTH·MARCH·D:C·B: G. et la date 1629. (De Saulcy, *Ibid.*, XXVI, 3.) *TB.* 35 »

772 Même pièce avec MARC. *B.* 30 »

LÉOPOLD-PHILIPPE-CHARLES RHINGRAVE, PRINCE DE SALM.

773 Teston. ✠LEOPOLD·D·G.PRINC·SAL·COM·RHIN. Buste du prince, à droite.

℞. ·MONETA·NOVA·BAD·CVSA. Ecu couronné. (Florange, Badonvillers, n° 4.) Pièce légèrement retouchée au burin. *B.* 25 »

Sarreguemines.

774 Comice agricole. Méd. de H. de Longueil au buste d'Olivier de Serres. 22 gr. 36 mm. *TB.* 5 »

Thionville.

775 Prise de la ville, 1643. Méd. de Molart. Buste de Louis XIV, à droite.

℞. La France appuyée sur un cippe sur lequel on voit le plan de la ville. (C. Monn., 611.) Br. Refrappe. 73 mm. *FDC.* 9 »

776 Autre médaille, aux mêmes types, gravée par Dollin. Br. Refrappe 52 mm. *FDC.* 6 »

777 Autre médaille gr. par Mauger. (C. Monn., 613.) Br. Refrappe. 41 mm. *FDC.* 4 »

778 Jeton de N. aux mêmes types, s. d. (*Revue belge*, 1876, p. 154, n° XXXIII.) C. *B.* 1 50

779 Inauguration du pont, 1846. Jolie médaille gr. par A. Bovy. Tête de Louis-Philippe, à gauche.

℞. Vue du pont reliant la ville au fort de la Double Couronne. (Mém. de l'Académie de Metz, 1861-62, p. 542.) Br. 68 mm. *FDC.* 16 »

Toul (Evêché).

BERTHOLD ET HENRI II (1002-1019).

780 Denier. (HINR)ICVS(REX). Tête, à droite.
℞. (BERTOLDVS). Croix pattée cantonnée de quatre globules. (Dann., 957. — *Ann. de la Société franc. de numismatique*, 1884, p. 235, n° 5.) Mal frappé. 15 »

PIERRE DE BRIXEI (1168-1191).

781 Denier. PETR VS. Buste mitré, à droite.
℞. * TV LLI. Main tenant une crosse. (Rob., Evêque de Toul., III, 5 var.) *B.* 6 »

GILLES DE SORCY (1253-1271).

782 Denier. GILES AV ESKES. Crosse entre deux étoiles.
℞. T O V L. Main sur une croix dont les bras coupent la légende. (Rob., V, 4.) *AB.* 3 »

CONRAD PROBUS (1271-1296).

783 Denier au buste et à la croix. (C. Rob., 992 et 995.) 2 p. *AB.* à 1 »

JEAN D'ARZILIÈRES (1309-1320).

784 Denier de Liverdun. L'évêque mitré, debout, de face, tenant une crosse et un livre.
℞. Epée en pal. (C. Rob., 1012.) *B.* 2 50

THOMAS DE BOURLÉMONT (1330-1353).

785 Esterlin. THOMAS·DEI·GRACIA. Tête, de face, couronnée.
℞. EPS TVL LEN SIS. Croix coupant la légende, et cantonnée de douze globules. (Rob., VIII, 4.) Très rare. *AB.* 20 »

786 Méreau du chapitre trouvé à Toul dans une maison de la rue de la Monnaie et provenant de la coll. Robert,

n° 1037. (*Mém. de la Soc. d'arch. lorr.*, 2ᵉ série, 3ᵉ vol., p. 172 et n° 7 de la planche.) Plomb. 6 »

Vaudémont (comté).

HENRI III? (1305-1339).

Atelier de Vézelise?

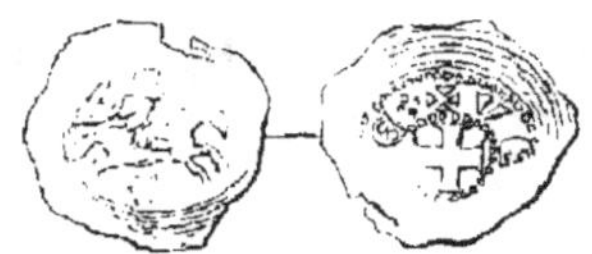

787 Denier. Cavalier, à droite; au dessous, une étoile.
℞. ✠ V E(Z)....E·:· entre deux grènetis. Croix, au centre. Inédit et mal frappé. 50 »

FRANÇOIS II, DUC DE LORRAINE, COMTE DE SALM.

788 Jeton, s. d. FRANC·A·LOT·COM·VADEMONT·ET·C. Ecu écartelé de Lorraine et de France sous une couronne. Revers du n° 281. C. *AB*. 5 »

789 Jeton. FRANC·A·LOT+ +COM·VADEM. Ecu. Revers du n° 302 *bis*. (C. Monn., 586.) C. *B*. 4 »

790 Jeton pareil au précédent, ayant des globules au lieu de croisettes et portant la date 1597. C. *B*. 4 »

791 Jeton. Avers du n° 788. Revers précédent. C. *TB*. 5 »

792 Jeton de 1631. PRO·CAM·COMP·FRAN·II·DVC·LOTH·ET·BAR. Ecu de Lorraine sur le manteau, surmonté d'un alérion et entouré de sept écussons. Dans les intervalles, une croix de Lorraine.
℞. BENE·NVMERAT·QVI·NIHIL·DEBET. Homme barbu, coiffé d'un chapeau, assis à une table et comptant de l'argent; de chaque côté, un homme avec des sacs d'argent. A l'exergue, ·1631·. (Calmet, t. V, pl. 3, fig. 24 var. Neum., 3597. — C. Monn., 591 var.) C. *B*. 6 »

Verdun.

HENRI L'OISELEUR (919-936).

793 Obole. Légende. REX écrit horizontalement.
℞. Croix avec quatre globules dans les cantons.
AB. 4 »

794 Denier barbare aux types précédents. (C. Rob., 1056.)
AB. 2 »

HENRI II (1002-1024).

795 Denier. + HEI... Tête, à gauche.
℞. Main. (Dann., 94 var.) Mal frappé. 6 »

Verdun (Evêché).

HEYMON ET HENRI II (1002-1011).

796 Denier. ....MO... Buste, à gauche.
℞. HAEINRICVS. Croix avec point dans chaque canton (Rob., Evêques, n° 4.) *AB.* 6 »

THIÉRI (1047-1088).

797. Denier. TIEDERIC... Buste, à droite.
℞. VIRDVN. Eglise. (Rob., *Ibid.*, 25.) Mal frappé. 15 »

798 Denier. TEO DERIC EPS dans le champ.
℞. MARIA VIRGO écrit en croix ; dans le bas, deux étoiles. (Rob., 34.) *AB.* 5 »

799 Même pièce avec ERS au lieu de EPS (Rob., 40.)
AB. 6 »

800 Denier. ✠ TIEDERICVS.EPS. Croix pattée, cantonnée de quatre globules.
℞. ✠ SCA MARIA. Tête de la Vierge, à droite. (Rob., 52.) *B.* 3 »

801 Obole aux mêmes types et légendes, mais avec des globules au bout des branches de la croix. (Rob., 49.)
B. 4 »

RICHER (1088-1107).

802 Denier. + RICHERVS EPS. Edifice à trois tours.
℞. : · MARIA VIRGO. Croix. (Rob., 65.) *B.* 6 »

LOUIS DE BAR (1419-1430).

803 Angevine. ✠ LVDOVI·BARREN. Dans le champ, CARD.
℞. MON ETA VIR DVN. Croix pattée coupant la légende. (Liénard, *Monographie de la numism. verdunoise*, n° 301.) *Fr.* 5 »

NICOLAS BOUSMARD (1576-1584).

804 Jeton. ❀ NICOLAS·BOVSMARD·EVESQVE·ET·CONTE·DE·VERDVN. L'évêque en buste, à gauche. Dans le champ, N et B.
℞. IECTZ·DES·COMPTES·DE·LEVESCHE·ET·CŌTE·DE·VERDVN. Ecu couronné du prélat posé sur une crosse. Dans le champ, 15 84. (Rob., 143.) C. j. *TB.* 30 »

ERRIC DE LORRAINE (1593-1611).

805 Huitième de teston. + ERRIC·A·LOTH·EP·ET·CO·VI. Buste de l'évêque, à gauche.
℞. MONET·NO·AN·1609·CV. Ecu à la bande de Lorraine, brisé d'un lambel et timbré d'une couronne ducale que surmonte une mitre accostée de deux points. (Rob., n° 165 var.) *B.* 4 »

806 Autre semblable avec EPS·ET·CO·VI· et avec la date 1610. (Rob., n° 166.) *AB.* 3 »

807 Jeton. ERRICVS·A·LOTHAR· ·EPISC·ET·COM·VIRD. Ecu plein de Lorraine timbré d'une mitre avec fanons et posé sur une crosse. Dans le champ, 1596.
℞. ✠ LVCERNA PEDIBVS·MEIS VERBV̄ TVVM. Lampe allumée, posée sur le livre des Evangiles. (Rob., n° 169.) C. r. *TB.* 32 »

CHARLES DE LORRAINE-CHALIGNY (1611-1622).

808 Florin d'or. + CAROLVS·A·LOTH·EPS·ET·C·VIR. Buste de l'évêque, à droite.
℞. FLORENVS·AVREVS·AN·1612·B. Ecu précédent. (Rob., 176.) *B.* 70 »

809 Teston. CAROLVS·A·LOTHARINGIA·EPISCOPVS. Buste de l'évêque, à droite.

℞. ET·COMES·VIR·PRS·SRI·IMPERI. Ecu précédent. (Rob., 184.) *B.* 70 »

810 Demi-gros. Imitation du type ducal de l'alérion. CAROLVS·A·LOTHARINGIA·EPISC. Alérion couronné.

℞. ET·COMES·VIR·PRS·SRI·IMP. Ecus accolés de Lorraine et de Bar brisés d'un lambel et timbrés d'une couronne, à l'exergue, G. (Rob., 198.) *B.* 3 »

LORRAINE

FERRI III (1251-1302)?

Atelier d'Amance?

811 Obole. Cavalier, à droite, les pointes de la housse descendent entre les jambes du cheval.

℞. ЖSП... Epée en pal. (Comp. *Mém. de la Soc. d'arch. lorr.*, 1874, n° 4 de la planche de la trouvaille de Sionviller. Inédit. *B.* 30 »

PERSONNAGES LORRAINS

812 *Antoine* (J.-D.), architecte et membre de l'Institut, né à Sorcy (Meuse). Son buste, à droite; au dessous, N. P. Tiolier

℞. Hôtel des Monnaies de Paris. (C. Monn., 1657). Br. 41 mm. *FDC.* 4 »

813 *Arc* (Jeanne d'). Jetons de la maison commune d'Orléans montrant l'ancien monument élevé à la mémoire de Jeanne d'Arc. Trois variétés de 1572, 1578 et 1605. (C. Monn., 1638.) C. *B.* à 5 »

814 — Autres de 1600, 1608 et 1629. (C. Monn., 1637.) C. *B.* à 2 »

815 — Méd. d'Andrieu. Inauguration de son monument à Domrémy. Tête de Louis XVIII et monument. (C. Monn., 1634.) Br. 50 mm. *FDC.* 4 »

816 — Méd. de Gayrard. Tête de Louis XVIII et son monument rétabli à Orléans en 1803. Br. 56 mm. *FDC.* 4 »

817 — Petite méd. de Montagny, 1840. Tête de Marie d'Orléans, duchesse de Wurtemberg, à droite.
℞. Statue de Jeanne d'Arc. (C. Monn., 1641 var.) 2 gr. 15 mm. *TB.* 5 »

818 — Trois petites médailles variées, 1870, 1872 et 1890. C. *B.* à » 30

819 *Bazaine*, maréchal. Petite méd. siège de Metz. (C. van Peteghem, 1870-71, nº 55.) C. *TB.* » 50

820 *Bassompierre*, maréchal de France. ·FR:A·BASSOMPIERRE·FRANC:POLEM:GLIS·HELV:PRÆF. Buste, à droite, les cheveux frisés, avec moustache; collerette, écharpe et cordon du Saint-Esprit.
℞. QVOD·NEQVEVNT·TOT·SIDERA·PRESTAT. Phare allumé; ·1633· à l'exergue. (*Trésor de num. et de glypt.* Méd. fr., 2ᵉ partie, pl. XIV, nº 4. — C. Rob., 1751.) Br. avec bélière. 54 mm. *TB.* 70 »

821 *Chevert* (Fr. de), lieut.-gén., gouverneur de Belle-Isle. Méd. de Caqué, 1821. (C. Monn., 1651.) Br. 42 mm. *FDC.* 2 50

822 *Fénétrange* (Henri de), archevêque de Trèves (1260-1286). Denier. (C. Rob., 1898.) *B.* 1 50

823 *George* (L.-J.), *Daurier* (J.-B.-A.) et *Claudot* (F.). Méd. de Michaud, 1830. Cours publics et gratuits des sciences industrielles. Br. 55 mm. *FDC.* 3 »

824 *Gravier* (Ch.), comte de Vergennes, seigneur de Frauenberg. Méd. de Lorthior, 1784. Br. 59 mm. *FDC.* 8 »

825 *Hohenlohe-Schillingsfürst* (Chl., prince de), gouverneur d'Alsace-Lorraine. Méd. de Lauer, 1889. Sa tête, à droite.
℞. Vue de Schillingsfürst. Br. 65 mm. *FDC.* 6 50

826 *Lacépède* (B.-G.-E., de la Ville-sur-Illon, comte de). Méd. de Feuvrier, 1829. (C. Monn., 1662.) Br. 42 mm. *FDC.* 2 »

827 *Le Lorrain* (Claude Gelée dit), peintre. Jeton. Excursion des artistes de Munich, 1865. 2 var. 1, 5 gr. 17 mm. Troué. *TB.* à 1 »

828 *Lenoncourt* (Ant. de), marquis de Blainville, abbé de Beaupré, prieur de Lay, primat de Nancy (1607-1636). Jeton. ANT·D·L·P·D·N·. Son buste, à gauche, la tête nue, vêtu du camail.

℞. Cartouche aux armes de Lenoncourt sous un chapeau. (Rob., Evêque de Metz, p. 226, n° 2.) Plomb doré. *B.* 6 »

829 *Lenoncourt* (C.-Gaspard, marquis de). Jeton gravé par Saint-Urbain. Son buste, à droite.

℞. IN HOC SIGNO VINCES. Minerve debout tenant une lance et s'appuyant sur l'écu de Lenoncourt. A l'exergue, CALC.NANC.1710.C. (Quint., V, 7.) C. r. *B.* 12 »

830 *Leverlee-Collin*. Jeton de Brichaut. Mariage célébré à Nancy le 12 sept. 1891. Les lettres LC entrelacées. C. j. *FDC.* 1 50

831 *Livron* (Erard de), seigneur de Bourbonne-les-Bains, et Gabrielle de Bassompierre. Jeton relatif à leur mariage. + E·D·LIVRON·S^R·D·BOVRBONNE·G·D·BASSOMPIERE. Ecu parti de Livron et de Bassompierre surmonté des lettres EG entrelacées et posées entre deux branches de laurier.

℞. AD CINERES·RECT VSQVE·TERESQVE. Obélisque dans un paysage. A l'exergue. ·1583·. (Quint., 7.) C. j. *B.* 25 »

832 *Lobau* (Mouton, comte de), maréchal. Méd. de Barre relative à la fête donnée par la garde nationale lors du mariage du duc d'Orléans avec la princesse de Mecklembourg-Schwerin, 1837. Br. *TB.* 4 »

833 *Musculus* (Wolfg.), de Dieuze, théologien à Berne. Jeton de Dassier. (C. Monn., 1655.) Br. *TB.* 3 »

834 *Nettancourt*, comte de Vaubécourt (Jean de), lieut.-général. Méd. offerte par la ville de Clausthal, 1761. PONDERE VALET HONESTUM. Le général debout, à droite, tenant une balance, une banderole dans chaque plateau. Sur l'une on lit IUS HONESTI, sur l'autre IUS BELLI.

℞. SUPERNAS AVERTIT IRAS. La ville de Clausthal assise sous un arbre dans un paysage boisé. A l'exergue, RECTO

MODESTO DUCI VAUBECOURT CIV·CLAUSTHAL 1761. (C. Monn., 1656.) 21 gr. 35 mm. *B.* 30 »

835 *Neuhof* (Théod. de Pungelscheid, baron de), roi de Corse, aventurier messin. Pièce de 5 sols, 1736. (Neum., 3660. — Maillet, pl. 28, nº 2.) C. *B.* 10 »

836 *Ney* (Michel), duc d'Elchingen, maréchal. Médaille à son buste, à gauche. (*Trésor de num. et de glypt.*, méd. de l'empire fr., XXIX, nº 1.) C. j. uniface, troué. *TB.* 1 50

837 *Oberlin* (J.-F.), pasteur dans les Vosges. Méd. de F. Kirstein. (Engel et Lehr, 714. — C. Monn., 1662.) Br. 45 mm. *FDC.* 4 »

838 *Parisel.* (Et.), médecin. Méd. de L. Dubour. (C. Monn., 1662. — Kluyskens, p. 295.) Br. 40 mm. *FDC.* 4 »

839 *Pilatre de Rosier* (J.-F.), aérostat. Méd. de Gatteaux. Son ascension faite à Lyon en compagnie de Montgolfier, etc., 1784. Br. 42 mm. *TB.* 9 »

840 *Poncelet* (J.-F.), membre de l'Institut. Méd. d'Oudiné. Br. 50 mm. *FDC.* 6 »

841 *Rigny.* (C.-H. de), amiral. Méd. de Domard. Bataille de Navarin. Br. 51 mm. *TB.* 4 »

842 *Robert* (Ch.), membre de l'Institut. Méd. de Brichaut. Sa nomination à l'Institut de France, 1874. Br. 37 mm. *FDC.* 1 50

843 *Saint-Urbain* (Ferd. de), graveur. Méd. de A. Bellevoye, graveur messin. Son buste, à gauche.
℞. Légende. Br. 54 mm. *FDC.* 8 »

844 — Méd. uniface. (C. Monn., 1654.) Br. *AB.* 2 »

845 *Saulcy* (L.-F.-J. Caignart de), membre de l'Institut. Jeton de Brichaut, s. d. Ses armes et la Fortune. (Brichaut, I, pl. 1, nº 4.) Métal blanc. *FDC.* 1 50

846 — Méd. de Wiener. Société roy. de numism. de Belgique, 1884. Br. 34 mm. *TB.* 2 »

847 *Stainville* (Etienne, comte de), capitaine des gardes du corps de S. A. R. de Lorraine, grand bailli des Vosges, maréchal au service de l'Empire et gouverneur gén. de la Transylvanie. Méd. de C. H., 1714. Fondation de la forteresse

de Carlsburg. ST CA STAINVILLE S C M CONS BELLEQVIT GEN CATAPHR COLETGEN COMMIN TRANSILVA. Femme casquée, tenant une lance et l'écu à la croix de Stainville, debout dans un terrain de minière. A l'exergue, légende en 4 lignes.

℞. ANNOQVO. GENERALISERATCOMENDANSINTRANSILVANIA. Vue de la forteresse. A l'exergue. légende en cinq lignes. (Wesz., G. XXXIII, 3.) Très rare. 70 gr. 55 mm.
B. 60 »

848 *Ubrich*, général. Jetons relatifs à la défense de Strasbourg. (Cat. van Peteghem, n° 49. 2 var.) C. j. *B*. à » 40

SIERK

JACQUES DE SIERK, archevêque de Trèves (1439-1456).

840 Florin d'or. **IACOB VS★AR CPI'★T REVC'**. Ecu écartelé de Trèves et de Sierk, brochant sur une croix pattée qui coupe la légende.

℞. ✠ **MONETA★NOVA★AVREA★COV'**. Trois écus (Mayence, Cologne et Palatinat-Bavière) posés (2.1) triangulairement; au centre, une croisette. (Bohl, 1.)
TB. 22 »

850 Même pièce. Au centre des trois écus (Cologne, Palatinat-Bavière et Mayence), un croissant. *TB*. 25 »

851 Même pièce avec une demi-lune accompagnée d'un globule au centre des trois écus (Cologne, Mayence et Palatinat-Bavière). *TB*. 25 »

852 Même pièce avec **CO** au lieu de **COV** et au centre des trois écus une étoile. (Exemplaire provenant de la Coll. Garthe, n° 5763.) *TB*. 35 »

853 Même pièce avec (au centre des trois écus (Mayence, Cologne et Palatinat-Bavière). *TB*. 22 »

854 Florin d'or. **IACOB ARCP' TREV CREN'**. Ecu comme au n° 846; dans le champ, à droite, un globule. Revers du n° 848 avec un globule au centre. (C. Garthe, 5762. *TB*. 22 »

855 Même pièce qu'au n° 852, mais avec un globule dans le 4e canton de la croix et un autre au centre des trois écus. B. 16 »

856 Gros (Raderalbus). ❀A'❀DN'❀M❀C CCC❀XLIIII. Saint-Pierre à mi-corps sous une arcade gothique ; dans le bas, un petit écu aux armes de Sierk.

℞. ❀MONE' ❀NOVA❀ ❀COVE'. Dans un trilobe, coupant la légende, grand écu écartelé de Trèves et de Sierk et entouré de trois petits écus (Mayence, Cologne et Bavière). (Bohl, 5.) B. 3 50

857 Même pièce avec ❀A'❀DN'❀M❀CC CC❀XLVIII❀. (Bohl, 6). Usé. 2 »

858 Gros. ❀IACOBVS ARCPI'❀TR'. Saint-Pierre comme ci-dessus.

℞. ❀MONE' ❀NOVA' COVE'. Ecu du revers précédent. (Bohl, 7.) B. 3 »

859 Gros. ❀IACOBVS❀ ❀ARCPI'❀TR'. Saint-Pierre, comme ci-dessus.

℞. ❀MONE' ❀NOVA❀ ❀COVE'. Ecu du n° 856. (Bohl, 8). B. 3 »

860 Autre avec ❀IACOBVS ARCPI❀TR' et ❀MONE❀ ❀NOVA❀ ❀COVE'. B. 4 »

861 Autre avec ❀ IACOB'❀A RCPI'❀TR'. (Bohl, 9 var. — Jahresber d. Gesellsch. f. nützl. Forsch. zu Trier, 1864, p. 64, n° 388.) B. 3 »

862 Gros. Avers précédent.
Revers du n° 859, mais le grand écu est accompagné de deux petits écus (Trèves et Cologne) et d'une rose. (Bohl, 11.) B. 3 »

863 Même pièce avec T'❀ au lieu de TR' et au commencement de la légende du revers, λ au lieu d'une rosace. B. 4 »

864 Même pièce, mais au lieu de la rose qui se trouve au dessous du grand écu du revers, deux cous de cygne arrachés et adossés. B. 3 »

865 *Heller* (Bractéate). Ecu à la croix de Trèves portant en cœur l'écu de Sierk et surmonté de I. (Bohl, 15.) B. 4 »

HENRI, comte de Sayn,

seigneur de Homburg, Montclair-sur-la-Sarre et Meinsberg, près Sierck.

866 Ecu de 1590, frappé à Friedewald. ❀ ·HENR·C·SEIN·D·IN·HO·MON·Z·MEN· ❀ entre deux grènetis. (Dans le D de dominus, il y a un annelet.) Ecu écartelé : au 1er d'un château flanqué de deux tours (Homburg); au 2e d'une clef posée en pal (Montclair); au 3e à une bande chargée de trois hures de sanglier (Freusburg), et au 4e à une bande chargée de trois coquilles (Sierk-Meinsberg); sur le tout, un petit écu au lion léopardé de Sayn. L'écu, coupant le millésime 9-0, est surmonté de trois casques lambrequinés : le 1er portant le château de Homburg; le 2e un chapeau pyramidal (Sayn), et le 3e un buste de cheval chargé de la clef de Montclair.

℞. ·RVDOLP·II·ROM·IMP·SEMP·AVGVST· entre deux grènetis. Aigle impériale, nimbée et couronnée, avec le globe crucigère. (Leitzmann., *Numism. Zeitung*, 1852, p. 78, n° 3.) Unique? *TB.* 550 »

TABLE

MACON, PROTAT FRÈRES, IMPRIMEURS

Mâcon, Protat frères, imprimeurs.

www.ingramcontent.com/pod-product-compliance
Lightning Source LLC
LaVergne TN
LVHW020028170826
845678LV00001B/159

* 9 7 8 2 3 2 9 7 7 0 5 6 7 *